Down to Earth

JN077550

Kana Oya

INTRODUCTION

旅は、不思議な力を持っている。
私がそれを初めて感じたのは11歳のとき。
飛行機に乗ったら
こんなに楽しいところがあるんだって。

そこには可能性が広がっていて、
子供ながらに感じてた日常の窮屈さから
解放された私はもっと自由だった。

急に広がりをみせた自分のキャンバスに
興奮し、自分の内側からエネルギーが
湧いてくるようなあの感覚。

旅は、自分と向き合うキッカケを、
新しい選択肢を、出会いを与えてくれた。

そして物事を各自にポジティブな方向へと
動かしてくれる。

もっと旅に出よう。

地球は思っているより大きくて、
人生は思っているより短いから。

———— 大屋夏南

CONTENTS

TRIP TO MARFA.

今までたくさん旅をしてきたけど、
ほかのどことも違うマーファには
"スタイル"がある。

空が広く、心地のよい静けさをまとい、
要らないものを削ぎ落としたシンプルさに
意志の強さを感じる。

初めて来たのにずっと前から
知っているような気がするのは、
この街が持つニュートラルな
優しさのおかげ。

きっと私はここに何回も
戻ってくるはず。

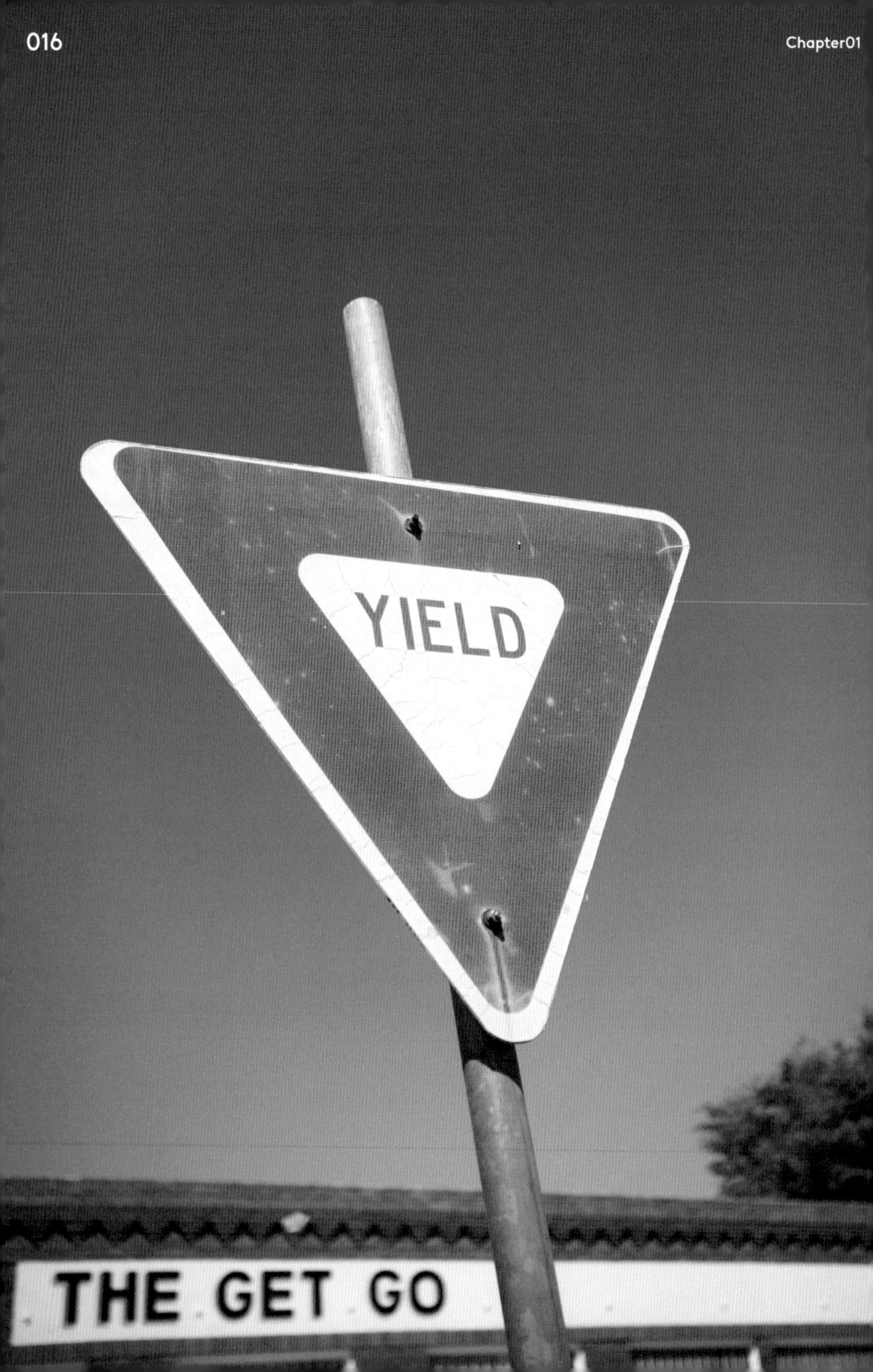
YIELD
THE GET GO

AFFILIATED FOODS INC.
MEMBER STORE
Where You'll Always Find...
PLAY GUITAR

INFORMATION

STAY
3SPOT

SPOT **①**_HOTEL
Hotel
Saint George

マーファの中心部に位置するデザイナーズホテル。モダンな雰囲気の外観で、ホテル内は設備やアメニティが充実。砂漠の街中とは思えないほど洗練され、快適に過ごせます。

http://marfasaintgeorge.com
Instagram:@marfasaintgeorge

SPOT **②**_HOTEL
Thunderbird Hotel

ネーミングが印象的な「Thunderbird Hotel」は、昔のモーテルをリノベーションし、シンプル&ミニマルな雰囲気。中庭にはプールがあり、ホテルの前の売店も充実。

http://www.thunderbirdmarfa.com
Instagram:@thunderbirdhotel

SPOT **③**_HOTEL
EL COSMICO

テントやゲル、トレーラーハウスなど、少し変わった宿泊が楽しめるグランピング施設。物販コーナーも雑貨からアパレルまですばらしい品揃えなので、要チェック。

https://elcosmico.com
Instagram:@elcosmicomarfa

COFFEE SHOP
2SPOT

SPOT **①**_COFFEE SHOP
Do Your Thing

アメリカンカジュアルな朝食を楽しめるコーヒーショップ。コーヒーはもちろん、カリカリ全粒粉のトースト目当てに朝は大混雑。倉庫をリノベーションしたショップもすてき。

https://www.doyourthing.us
Instagram:@doyourthingcoffee

SPOT **②**_COFFEE & ICECREAM SHOP
FRAMA

「Tumbleweed Laundry」というコインランドリーに併設されたコーヒーとアイスクリームが楽しめるカフェ。内装もかわいいので、旅で溜まった洗濯ついでに訪れてみて。

Facebook:@framacoffee

RESTAURANT
3SPOT

SPOT ❶_RESTAURANT
The Capri

繊細で工夫が凝らされた創作アメリカン料理のレ
ストラン。しゃれた空間の中で、ピアノの演奏に
酔いしれながらの食事は格別。天気がいい日は開
放感あふれるテラス席もおすすめ。

https://www.thunderbirdmarfa.com
Instagram:@caprimarfa

SPOT ❷_RESTAURANT
LaVenture at Hotel Saint George

「Hotel Saint George」に併設するレストラン。季
節の食材を使ったニューアメリカンスタイルの料
理と、世界中から厳選された豊富なワインが楽し
めます。ホテル内でゆっくり過ごすのも◎。

http://marfasaintgeorge.com/
dine-and-drink/laventure/
Instagram:@marfasaintgeorge

SPOT ❸_RESTAURANT
Restaurant Cochineal

アメリカの伝統的な料理をベースに、ヨーロッパ
やテキサスのエッセンスをプラスしたオリジナリ
ティあふれるメニュー。ベジタリアン料理やグル
テンフリーにも対応してくれる庭がすてきな店。

https://www.cochinealmarfa.com
Instagram:@cochineal_marfa

SHOP
5SPOT

SPOT ❶_BOOK SHOP
Marfa Book Company

「Hotel Saint George」に併設する本屋。アート本
やマーファの歴史書、小説などを中心とした、こだ
わりの書籍が揃う。

http://www.marfabookco.com
Instagram:@marfabookco

SPOT ❷_ORGANIC SUPERMARKET
THE GET GO

オーガニックフードやコスメ、日用品などこだわ
りの品揃えが充実。ロゴ入りのオリジナルトート
バッグもかわいい！（P.123で紹介）デリコーナー
もあって便利。

https://www.thegetgomarfa.com
Instagram:@thegetgomarfa

SPOT ❸_SELECT SHOP
COMMUNITIE

ハットやウェア、天然石を扱うセレクトショップ。
自分に似合うハットを求めて訪れる人が多い。
マーファの街では、このショップで買ったハット
を被った観光客とよく出会います。

https://www.communitie.net
Instagram:@communitiemarfa

>>

SPOT ❹_SOAP SHOP

Marfa Brands

植物由来の天然成分からつくられたハンドメイド
ソープを販売する店。数種類の香りをソープバー
で楽しめる。マーファオリジナル商品で値段もお
手頃だから、お土産にもぴったり!

https://www.marfabrands.com
Instagram:@marfabrands

SPOT ❺_SELECT SHOP

RABA MARFA

洋服や生活雑貨、コスメやインテリアなどおしゃ
れなものが揃うセレクトショップ。ビンテージ
ウェアも扱う。帰りのトランク事情も忘れて買い
物に夢中になること間違いなし。

https://rabamarfa.com
Instagram:@rabamarfa

MUSEUM　　2SPOT

SPOT ❶_MUSEUM

The Chinati
Foundation

マーファの地に魅せられ、NYから移り住んだ美術
家Donald Juddによる現代美術館。軍の駐屯地
だった広大な土地には、さまざまな著名作家が作
品を展示している。

https://www.chinati.org
Instagram:@chinatifoundation

SPOT ❷_MUSEUM

PRADA Marfa

エル・パソ国際空港からマーファに向かう途中、突
如現れるのがイタリアの高級ブランド「PRADA」
の店舗を再現したインスタレーションアート。多
くの人がここを目指してマーファを訪れる。

PARK
ISPOT

SPOT ❶_NATIONAL PARK

Big Bend
National Park

メキシコとの国境に連なる国立公園。手つかずの
自然の中、トレッキングをしながら川・砂漠・山の
美しい景色を存分に楽しめる。

https://www.nps.gov/bibe/index.htm
Instagram:@bigbendnps

Towns Around Marfa Texas.

❶ Alpine

マーファから車で30分ほど。かわいいレトロな建
物が建ち並ぶ小さな街。カーボーイハットを被っ
た地元の人々によく出会う。

❷ Van Horn

エル・パソからマーファへ行くドライブの途中、
ヴァンホーンはぜひ立ち寄りたい。レンガ造の建
物とテキサスの荒野に馴染んだ街並みが印象的。

❸ Marathon

マーファから東、ビッグベンド国立公園を目指す
途中にある地域。映画「パリ、テキサス」の舞台で
も有名で、映画に登場したモーテルの看板が残さ
れている。

10 T

Denmark

Germany

Swizerland

France

Spain

Italy

China

South Korea

Chiang Mai

Laos

Taiwan

Hong Kong

Vietnam

Singapore

Sri Lanka

Indonesia

Australia

言葉も文化も違う国は、いつも新鮮な驚きを与えてくれ、
これからの人生を考えさせてくれます。
ここからは私が今まで訪れた25の国と地域の中から、
印象に残った10カ所と、そこでのおすすめの過ごし方や、
お気に入りのスポットをご紹介します。

RIPS

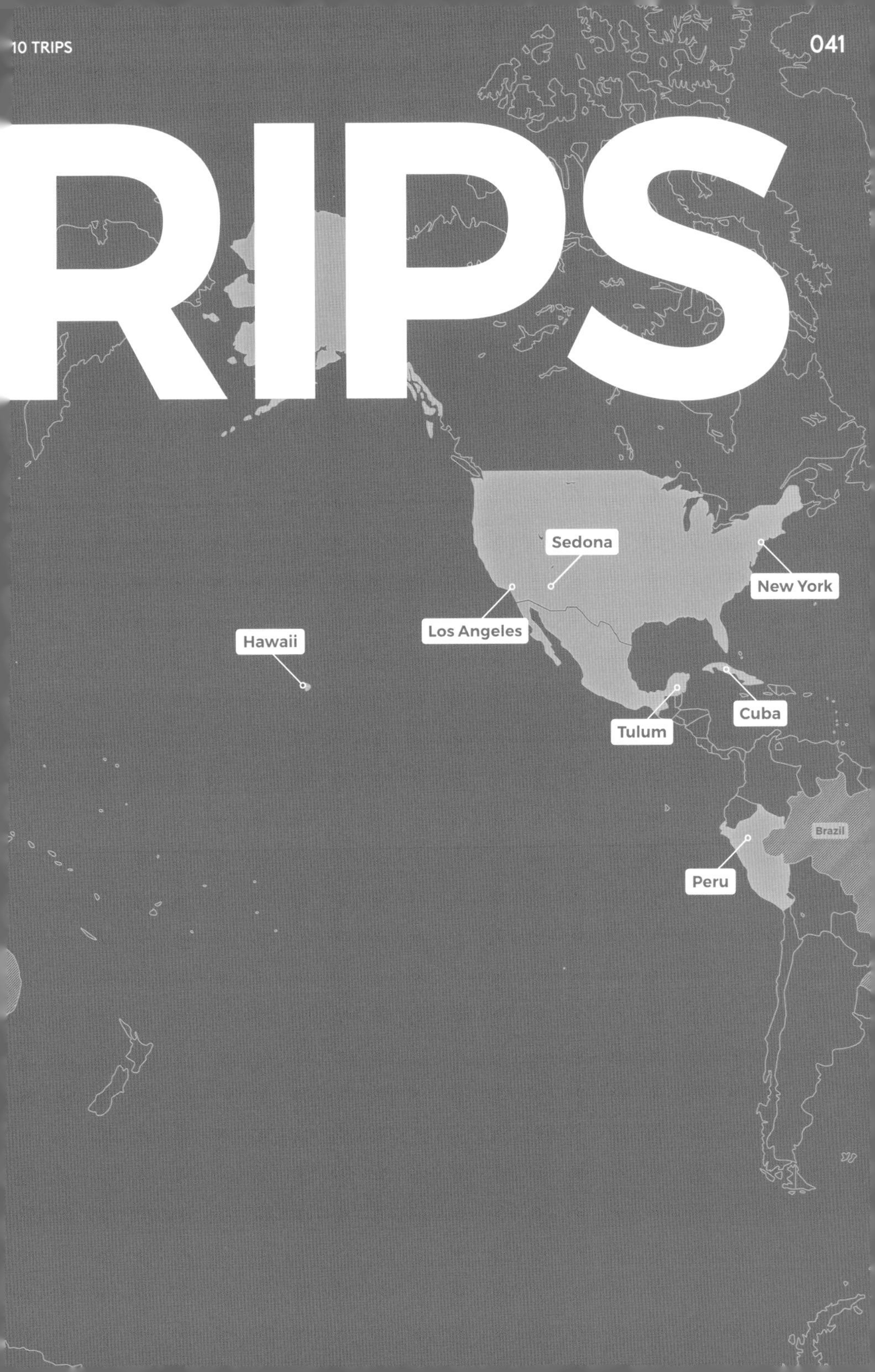

Sedona

New York

Hawaii

Los Angeles

Cuba

Tulum

Peru

Brazil

TRIP #01

HAWAII

　ハワイは何度も訪れているけど、来るたびに「やっぱりいいよね」と思える場所。気候がよく、いつも穏やかな空気が流れている。ドライブがてら、ふらっと立ち寄る海でさえ驚くほどきれいだし、ビーチから眺める夕日も大好き。買い物も食事も充実していて、とにかく安定感抜群。日本語も比較的通用し、英語に不安があっても安心して行けます。

　初めてのハワイ旅は、中心市街地であるワイキキをメインに定番のアラモアナショッピングセンターで買い物をしたり、ビーチを楽しむのが◎。私の最近のお気に入りは、レンタカーで島を1周したり、トレッキングなどの大自然に触れるアクティビティ。ワイキキ

の外に出るだけで地元の人々の暮らしが垣間見え、ハワイの日常を感じることができます。だからハワイ旅を重ねた人には、ぜひ"ぶらり旅"を楽しんでほしいな。

　ビーチで本を読んだり、気ままに島をドライブしたり、レンタルバイクで街を散策したり。シンプルなこともスペシャルに感じられるのがハワイの力。大自然に囲まれつつもほどよいシティ感があり、いろんな旅の仕方ができる懐の深さが何度行っても飽きない理由なんだと思います。普段はマニアックな場所や行ったことのないところを選びがちだけど、ハワイは特別で定期的にパワーをもらいに行きたくなる場所。

1

2

3

4

1.「Down to Earth」という
スーパーマーケットでおや
つを選び中 2. ウォーター
フォールハイクをして、ゴー
ルの滝に到着 3. アラモアナ
ビーチパークのサンセット
4. ラニカイビーチで出会っ
た犬 5. サンライズハイクを
したとき、朝日がとてもきれ
いだった

5

#01 HAWAII

TRIP INFO

洋服や雑貨はあえてハワイっぽくないショップが好き。大好きな
ヘルシーフードやオーガニックコスメも充実しています。

Shop

#01
PAIKO

オーガニックコスメ「INDIGO ELIXIRS」の
バームを探していたら見つけた雑貨屋。植
物やホームグッズなどを取り扱っている。

https://www.paikohawaii.com
Instagram: @paikohawaii

#02
Here

L.A.やスペインなどから集めたリゾートアイ
テムが並ぶ、いい意味でハワイっぽくない洋
服屋。私はここでかわいい水着をゲット！

https://www.here-shop-here.com
Instagram: @here.thestore

#04
town

イタリアやアジア、地中海料理などをミッ
クスした創作レストラン。オーガニック素
材や地元の食材が多く使われている。

https://townkaimuki.com

#05
Leahi Health

生ジュース、サラダなども食べられるスタ
ンド式スムージーショップ。フルーツと野
菜はすべてハワイ産オーガニック食品。

http://www.leahihealth.com
Instagram: @leahikailua

#03
Down to Earth

食品、日用品、デリ完備の自然派食品スト
ア。オーガニックコスメから美味しいお土
産まで日本で手に入らない商品が豊富。

https://www.downtoearth.org
Instagram: @downtoearthhi

#06
Siam Square

ボリューム満点でリーズナブルなタイ料理
屋。アジアの大衆食堂のようなアットホー
ムな雰囲気で地元の人々にも人気。

Facebook: @SiamSquareWaikiki

TIPS

☐ 比較的治安がいいハワイも油断すると危険。荷物の管理や人気のない夜道には気をつけて。

☐ ハワイのコンビニ「ABCストア」では、1ドルで浮き輪に空気を入れてくれるので活用してみて。

☐ 今後、珊瑚を守るためにオキシベンゾンとオクチノキサートという成分が含まれる日焼け止めの
販売が禁止に（＊1）。なるべく対応した日焼け止めを持参するか、現地で調達しましょう。

＊1：2018年に制定された法律で2021年1月1日より施行開始

Activity

#01
サンセットウォッチ

ワイキキ周辺に泊まったら、自転車を借りてアラモアナパークまで夕日を見に行ってみて。白い砂浜と青い海に映えるオレンジ色の夕日は、鮮やかでロマンチック。

#02
ワイキキビーチからの脱出

ワイキキビーチが中心になってしまいがちだけど、レンタカーを借りて島をぐるっと回ってみてほしい。地元の人がいるエリアの空気はまた全然違う。流れる空気の穏やかさや、光のきれいさや、今まで知らなかったハワイを知ることができる。ふらりと寄ったその辺のビーチがとても美しかった。

#03
虹を見る

ハワイでは朝夕に虹が見えることが多く、朝は西の空を、夕方は東の空をチェックしてみて。1日に2本見えるなんてことも少なくないけど、やっぱりちょっと特別。

#04
ハイキング

ハイキングが日常に浸透しているハワイ。カイルアの方まで足をのばして、日の出を眺めるサンライズハイクや、山の奥地にある滝を目指すウォーターフォールハイクもおすすめ。

kahuku
Haleiwa
Kaaawa
Waianae
Kailua
Nanakuli
Honolulu

Hotel

#01
The Surfjack Hotel &Swim Club

部屋によってはベッドルームが2〜3つあり、友達と泊まるのに便利。立地の良さが一番の特徴。デューティーフリーやABCストア、レンタルバイク店も近い。
https://surfjack.jp
Instagram: @thesurfjack

#02
The Modern Honolulu

白で統一されたシンプルな部屋が◎。ブティックホテル系では珍しく、バスタブ付きの部屋も。サンライズプールが有名だけど、18歳以上限定のサンセットプールもいい。
http://www.themodernhonolulu.jp
Instagram: @modernhonolulu

#03
The Royal Hawaiian, a Luxury Collection Resort, Waikiki

ピンクの壁がトレードマークの老舗ホテル。ワイキキの中心地かつビーチフロント。ピンクパラソルのカフェ「サーフラナイ」は食事もピンク！朝食やブランチがおすすめ。
https://www.royal-hawaiian.jp
Instagram: @royal_hawaiian / @royalhawaiianjp(日本語公式)

TRANSPORTATION REPORT

Bus ○
オアフ島の公共交通機関「The Bus」と観光名所向けの「ワイキキトロリー」の2種類。「The Bus」は乗り方をマスターすれば便利。

Rental Bike/Share Bike ◎
街中にレンタルショップやバイクストップがあるのでおすすめ。

Rental Car ◎
ロードトリップが気持ちいい。

Uber ◎
一般的で通行数も多く便利。

TRIP #02

PERU

　バースデートリップで訪れたペルーは、もちろんマチュピチュ遺跡へ行くのが目的。日本から現地へ行くにはアメリカのダラスで飛行機を乗り換えて、ペルーの首都リマからクスコへ。車に乗って山を越え、電車を乗り継ぐなど、移動は本当に大変。それでも行ってよかったと思えるし、もう一度訪れたいと思っています。

　「こんなところが実在するんだ」と思えるほどの壮観な景色。でも想像よりは大きくなく、半日で十分回れる広さ。遺跡への入場には時間制限があるため、渡航前に最新情報を要チェック。午前中はガスで曇っていることが多いので午後の方がおすすめです。遺跡内では野生の「リャマ」に出会えることも。マチュピチュに向かう列車から眺める風景も本当に美しいので、ぜひ大きな窓付きの席を予約して、道中も楽しんでほしいな。

　もう一つ、絶対に行ってみたかったマラス塩田を訪れたけど、ここも最高でした。真っ白の棚田が広がる谷はとても幻想的だった。販売している塩もとても美味しかったので、ぜひお土産に！ 拠点となるウルバンバの村にも、貴重な遺跡が点在しています。

　初めて訪れたペルーは、未だに謎に包まれた遺跡が多いのも納得の、神秘的な国でした。クスコの空港がすでに富士山と同じくらいの標高なので、高山病対策をしていくのが◎。

1

2

3

4

1. オリャンタイタンボの町からウルバンバへ移動する途中にあった遺跡 2. マチュピチュ村のお土産マーケット 3. 種類豊富なマラス塩田の塩 4. リマのアルマス広場。黄色い建物はリマ市庁舎 5. 約600年も前から塩作りをしているといわれるマラス塩田

5

#02 PERU

TRIP INFO

異国の地・ペルーの魅力と文化を感じる主要ポイントをラインナップ。
せっかく訪れたなら、ぜひ足を運んでほしい場所はこちら。

Spot

#01
マチュピチュ

山の麓から存在を確認できないことから「空中都市」とよばれた古代インカ帝国の遺跡。標高は約2430m。建設理由や方法について未だに解明されていない謎だらけの場所で、全体が不思議な雰囲気をまとっている。マチュピチュの周辺は街としても栄えているので、宿泊するのも楽しそう。

#02
リマの旧市街

首都リマの旧市街は、教会や歴史的建造物が徒歩圏内に建ち並び、エリア全体がユネスコ世界遺産に登録されている。新市街よりも、旧市街の方が断然おもしろい！各所への経由地なので、リマの街も楽しんでみて。

#03
マラス塩田

山の斜面に沿って塩で埋め尽くされた真っ白な棚田。マチュピチュができる前からあるそう。ここの塩は本当に美味しいので買ってみて！お土産にもおすすめ。

#04
ウルバンバ谷

インカ文明の中心を担った"聖なる谷"として知られるウルバンバ谷。マラス塩田に行くための拠点にするのもおすすめ。市場で野菜を販売する女性たちが身につけていたインカ帝国時代の民族衣装がとてもかわいかった。何もないけれどのどかで雰囲気がよくて、私はとても好きな場所。

TIPS

☐ 高山病の薬は空港でも販売しているけど、日本から持参していくのがベスト。
　空港の標高がすでに高いので、人によっては飛行機を降りて具合が悪くなることも。

☐ マチュピチュ行きの列車は日本でチケットを購入しておくと安心。

☐ マチュピチュの入場チケットを購入する際にパスポートが必要なので忘れずに。

TRANSPORTATION REPORT　in CUSCO — MACHU PICCHU

Train ◎
クスコからマチュピチュ村への移動は列車「ペルーレイル」か「インカレイル」が基本。雨季は冠水で運休することがあるので注意。

Bus ◎
マチュピチュ村から遺跡へはシャトルバスが運行。朝イチのバスはとても混むので事前にチケット購入を！

Taxi ○
マラス塩田、ウルバンバ谷はタクシーで。

Walk ○
遺跡内もかなり歩くので履き慣れた靴で！

ANOTHER TRIP #01

PORTLAND

ローカルを愛するポートランドは、個性的な人、モノがたくさん。
豊かな自然と都会がバランスよく、魅力にあふれた街。

#hotel

買い物を楽しみたい人は「Ace Hotel」に宿泊すると便利。ホテル周りにお店が集中しています。ホテル自体もかわいいし、さまざまな宿泊客が行き交うラウンジにいるのも楽しい。

#shopping

個性的なお店が多い! オーガニック&クラフトな香水がほしい人は「SEAGRAPE APOTHECARY」、ひねりの効いたジュエリーがほしい人は「West End Select Shop」などおすすめの店がたくさん。ホーソン・ブルバード通りは古着好きな人は必見。

#food

オーガニック食材を使ったレストランやカフェ、スーパーマーケットが多いのが◎。私はグルテンフリーでヴィーガンのスイーツ&ベーカリーショップ「Petunia's Pies & Pastries」が天国でした。

#season

夏以外は雨が多いポートランド。私が行った時期も毎日雨が降り続いてました。雨が続くとどうしても気分が落ちてしまうので、せっかく行くなら夏を狙うのがおすすめ。

01 02 03 04

TRIP #03

SEDONA

　10年近く前に訪れたセドナは、まだ旅慣れしていない当時の私に大きな衝撃を与えてくれた場所。スピリチュアルスポットとして有名だけど、まさにそうで、帰国後はいろんなことがいい方向へ進んだ気がします。

　セドナへ行くきっかけは偶然。1週間の旅先に悩んでいた私に、「セドナは？ 今の夏南だったらいいと思う」と友達が発した一言でした。当時はセドナの情報も少なかったので友達にガイドを紹介してもらい、フェニックス・スカイハーバー国際空港まで迎えに来てもらいました。

　5泊ほどして、ひたすら山々をトレッキング。セドナはサイキッカー（超能力者）が多く、

UFOの目撃多発地帯でもある場所。磁場のエネルギーが強いエリアでは、たくさんの木々がねじれて生えているのをよく見かけた。そのエネルギーの強さからか、肌もチリチリと何かを感じているよう。いくつかのパワースポットを巡ったけれど、なかでも印象的だったのは「子宮の洞窟」。岩山の壁面にてきた小さな穴に座るだけで、神秘的なパワーに包まれた。有名なカセドラルロックは圧巻の景色でした。とにかく毎日カルチャーショックが絶えないセドナでは、一つひとつの体験を大切にしてほしい。スケジュールは詰め込みすぎず、土地勘のあるガイドさんと一緒に行動するのがおすすめです。

2

1

3

4

1. お店の駐車場にあったUFO
のオブジェ 2. トレッキング
中。標高が高く空気は乾燥気
味 3. 別の場所でハイキング。
いろんなパワースポットが
あるのでそれぞれの場所で
トレッキングが楽しめる！
4. カラフルなサボテンの花
5. 移動中に見つけたファー
マーズマーケットのアップル
ジューススタンド

5

#03 SEDONA

TRIP INFO

買い物や食事よりも神秘的な体験を大切にしたいセドナ。
オープンマインドな姿勢で向かいたいスポットをご紹介。

Activity

#01
スウェットロッジ

ネイティブ・アメリカンに古来から伝わる「治癒と浄化」の儀式。「母なる子宮」を意味するスチームサウナのような状態のテント小屋で発汗の儀式をし、生まれ変わるといわれている。方法は種族や先生によって違うけど、私はみんなで歌ったり話し合ったりし、終わったあとはみんなでご飯を食べた。極限を超えてすべてを終えたあと、どう感じるのか試してみて。

#02
UFO探し

UFOの聖地とよばれる「エリア51」が近いセドナはUFOを見かけやすいそう。残念ながら私は見つけられなかったけれど、運がよければ本当に出会えるらしい。

#03
サイキックリーディング

サイキッカーという超能力者が身近な存在であるセドナ。占い師みたいなものかな。サイキックリーディングは予約も取れるから、興味があったら一度は見てみて。

TIPS

□ 真夏は避けた方が無難。夏でも夜は急激に冷えるので防寒対策はしっかりと。

□ トレッキングには両手が空くようにリュックと帽子がマスト。靴は滑りにくいものを。

□ 効率よくスポットを回るには土地勘があるガイドをつけるとベスト。
現地のルールを知って安全に旅ができる。

Spot

#01
カセドラル・ロック

赤い岩山が連なるセドナ。そのなかでも強いエネルギーが渦巻いている"ヴォルテックス"というスポットがあり、カセドラルロックは4大ヴォルテックスの内の一つ。

#02
レッド・ロック・クロッシング

「オーククリーク」とよばれる小川が交差する場所にあり、妖精が棲んでいるといわれている。カセドラル・ロックが美しく見える名フォトスポットでもある。

#03
チャペル・オブ・ザ・ホーリークロス

レッドロックの頂上に建てられた教会で、建物の支柱にもなっている大きな十字架が目印。教会の中には大きなガラス窓があり、セドナの大自然を一望できる。

#04
子宮の洞窟

岩山の崖の壁面に、人が一人座れるくらいの小さな穴がある。そこに座って瞑想し、願いごとをすると叶うといわれる神秘的な場所。魂が生まれ変わり、自分をリセットできることから「子宮の洞窟」とよばれている。洞窟まで緩やかなカーブになっていてよく滑るから入るのは大変だったけど、パワーを感じる場所だった。

TRANSPORTATION REPORT

Rental Car ◎
限られた時間でいろんなスポットを回りたい場合におすすめ。空港、セドナの町でも手配可。事前予約がベスト。

Rental Bike △
起伏のある土地なので近距離の移動向け。

Bus △
隣町への移動は「ベルデリンクス」が便利。

Taxi ○
流しのタクシーがないのでホテルで手配を。

TRIP #04

NEW YORK

　ニューヨークは私にとって第二のホーム。海外で一番訪れる街で、20代前半は1カ月半ほど住んでいたこともある。当時アイデンティティに悩んでいた私は、誰もが自分らしく自由に生きるニューヨークの街に、たくさんのパワーをもらいました。人生のターニングポイントともいえるこの場所は、いろんな人種の人々が暮らし、宗教や文化もさまざま。それが絶妙なバランスで保たれていて心地よい。何度行ってもポジティブなエネルギーに溢れる場所です。

　見どころの多いニューヨークは、端から端まで回るには距離があり渋滞も多いので、1日の動きを同じエリア内でまとめておくとスムーズ。私はホテルホッピングをしながら、拠点を変えて楽しんでいます。個人的に大好きなエリアは、ロウアー・イーストサイド。カジュアルで親しみやすく、独立系のショップが多くておしゃれ。すてきなギャラリーも多いので、ぜひギャラリー巡りも楽しんでほしい。あとは人の出会いが多いのもこの街の魅力。もし声をかけられても、怖がらずフレンドリーに答えてみて。旅がもっと面白くなると思います。

　食もアートも文化も活発なニューヨークは、お店や遊びのチョイスは無限。だから一度で全部楽しもうと思わずに、何度も訪れてみるのがおすすめ。

1.「Cafe Habana」のフィッ
シュタコス 2.「The Ludlow
Hotel」から見えるニュー
ヨークの街 3. ブロードウェ
イでたまたまリバイバルして
いた「CATS」のミュージカル
を鑑賞！ 4. グッゲンハイム
美術館 5. セレクトショップ
「BULLETIN」。服や雑貨もお
手頃価格

#04 NEW YORK
TRIP INFO

世界の最新が集まるニューヨークの
おすすめスポットは、納得のクオリティ。
ロウアー・イーストサイドを中心にセレクト!

Hotel

#01
PUBLIC Hotels

部屋は内装も機能もシンプル。ソーホーに
もロウアー・イーストサイドにも近いから、
ホテルでゆっくりするよりアクティブな人
におすすめ。宿泊者優先のルーフトップ
バーがあるのもいい。

https://www.publichotels.com
Instagram: @publichotels

#02
The Ludlow Hotel

ロウアー・イーストサイドにあり、ビンテー
ジ家具が並ぶ内装がとてもおしゃれ。ロ
ビーはにぎやかな雰囲気だけど部屋はシッ
ク。街が一望できるバスルームの大きな窓
もお気に入り。

http://ludlowhotel.com
Instagram: @ludlowhotelnyc

#03
Gramercy Park Hotel

もしクリスマスや年越しにNYへ行くなら、
ちょっと背のびしてここに泊まってほし
い! ロビーに飾られたツリーがとてもす
てき。映画のワンシーンのようなひととき
を過ごせるはず。

https://www.gramercyparkhotel.com
Instagram: @gramercyparkhotel

#04
11 Howard

インテリアはすべてカスタムメイドで、ホ
テル中にコンテンポラリーアートが飾られ
ていてスタイリッシュ。ソーホーにあるの
で買い物をしたい人にぴったり。

https://www.11howard.com
Instagram: @11_howard

Spot

#01
Central Park

世界でも有名な都市公園だけど、セントラ
ルパークはやっぱりすごくいい場所。みん
な思い思いに過ごしているその感じがいい。
夏は夜に野外映画を上映していることも。

TIPS

□ とにかくいろんな文化・ジャンルのものが楽しめる場所だから、
　いつもよりオープンマインドになっていろいろ挑戦してみて。

□ ハプニングがつきものの街だから、何が起きても動じないことが大事。

□ 買い物をするときやお酒の購入時、バーやクラブに行くときは
　パスポートを見せることが多いので、忘れずに持参。

Food

#01
Cafe Habana

キューバとメキシコ料理の老舗。名物はグリルドコーンとキューバサンドイッチで、隣にテイクアウト専門店もある。代官山にも支店があるけど、ぜひ本店で味わってほしい。

https://www.cafehabana.com
Instagram: @cafehabana

#02
Dudley's

エッグベネディクトやパンケーキなど、定番のおしゃれで美味しい朝ご飯が食べられる。一番有名なのはアボカドトースト。男性でも満足できるガッツリ系メニューもある。

http://www.dudleysnyc.com
Instagram: @dudleysnyc

#04
Estela

ロウアー・イーストサイドにある創作フレンチのレストラン。小さな店だけど、本当に美味しくて大好き！ NYに来たら必ず1回はディナーに行く。お酒も美味しいと評判。

https://www.estelanyc.com
Instagram: @estelanyc

#05
Joe's Pizza

NYを代表する老舗のピザ屋さん。有名店だけどやっぱり一度は食べておきたい。紙皿におさまらないくらいビックサイズのスライスピザをめいっぱい頬張って。

http://www.joespizzanyc.com
Instagram: @joespizzanyc

#03
Sweet Chick

アメリカの南部料理が味わえるレストラン。こっちではクラシックな組み合わせのフライドチキン＆ワッフルが有名。ほかにはシュリンプ＆グリッツも人気。店の中はカジュアルでかわいい。

https://www.sweetchick.com
Instagram: @sweetchicklife

#06
Dimes

旬の食材を使い栄養バランスの取れた創作ヘルシーフードが食べられる。ポップでセンスのいい店内で個性的なメニューを楽しんで。

https://dimesnyc.com
Instagram: @dimestimes

Shop

#01
OTHERWILD

前衛的なデザインの商品も揃う雰囲気のある小物屋さん。小さいキャンドルやピン、レターセットなどお土産にちょうどいいものもある。

https://otherwild.com
Instagram: @otherwild

#02
Assembly NY

クールで洗練されたセレクトショップ。自社ブランドのアイテムや古着もあり、少し渋くて都会的。L.A.店もあるけど、私はNY店がお気に入り。

https://www.assemblynewyork.com
Instagram: @assemblynewyork

Shop

#03
Ricky's

プロ向けのアイテムも手に入る美容系スト
ア。コスメからヘアスタイリング剤、アイ
ロンまで、ヘアメイクの下準備に必要なも
のが揃う。ブロードウェイ沿いの店舗は本
格的な美容室もある。

http://www.rickysnyc.com
Instagram: @rickys_nyc

#04
Coming Soon

家具と雑貨を扱うギフトショップ。ランプ
やお香以外はサイズの大きい商品が多いけ
ど、ポップでキッチュな家具は見ているだ
けでも楽しめるのでぜひ見学へ行ってみて。

https://comingsoonnewyork.com
Instagram: @comingsoonny

#05
Love Adorned

アクセサリーのセレクトショップ。いろん
なブランドのアクセサリーが一度に見れて
セレクトもセンスがいい。アクセ以外の小
物もかわいいのでギフトにも◎。

https://loveadorned.com
Instagram: @loveadorned

#06
MARYAM NASSIR ZADEH

ビンテージはもちろん、オリジナルも取り
扱うおしゃれなセレクトショップ。内装も
よく、私のどタイプなラインナップは欲し
いものがありすぎて困ってしまうほど。NY
に行ったら必ずチェックする大好きなお店。

https://mnzstore.com
Instagram: @maryam_nassir_zadeh

#07
Stanley's Pharmacy

オーガニック系の薬を扱い、健康ドリンク
を出すドリンクバーを併設する薬局。海外
では保険がきかず病院に行きづらいから、
少し具合が悪くなったときにおすすめ。

http://www.stanleyspharmacy.com
Instagram: @stanleysrx

#08
BULLETIN

個性的なオリジナル雑貨を扱うショップ。
日本ではなかなか出会えないものが多く
お土産にも◎。隣にある老舗の「Prince
Street Pizza」も合わせて楽しんで。

https://bulletin.co
Instagram: @bulletin.co

TRANSPORTATION REPORT

Subway ◎

南北の移動は地下鉄が便利。24時間運行だけど
深夜の利用は安全面に注意して。地下鉄以外に
郊外へ延びる列車で小旅行もおすすめ。

Taxi △

行き先は住所ではなく、
アベニューとストリー
ト名で指示。

Bus △

慣れると東西の移動に
は便利。渋滞に注意。

Uber ◎

旅慣れしていない人に
は最適。渋滞に注意。

MILANO

イタリアの北部に位置するファッションと芸術の街、ミラノ。
距離間の近い欧州圏だからこそ、近くの街にも足をのばせるかも。

#area

おしゃれなショップやカフェが集まる「コルソコモ通り」は、ショッピングはもちろん、夜遅くまでレストランが営業していてナイトシーンも楽しめるエリア。世界中に展開している有名なセレクトショップ「10 Corso Como」の本店にもぜひ行ってみて。近くにイタリアのフードデパート「Eataly」もあるので、テイクアウトやお土産の購入にもおすすめ。

#shopping

「Antonioli」は、モード感たっぷりのアイテムを取り揃えているセレクトショップ。ハイエンドなファッションが好きな人はぜひ。

#hotel

コルソコモ通りから数分の場所にある「Hotel Tocq」は、とにかく利便性がいい! 部屋は機能的で快適だし、主要駅にも近いので出かけやすい。朝ご飯がおいしいのも◎。一つ注意点は、クラブに隣接していてにぎやかなので、音が届きにくい5階以上、ホテル棟の左側の部屋に泊まる方がいいかも。

01 02 03 04

TRIP #05

CHIANG MAI

　観光客の受け入れ体制が整っているタイは、リーズナブルで治安がよく、移動も快適で、食事も日本人好み。アジアの他の国と比べて、ストレスなく過ごせる国だと思います。ビーチリゾートで知られるプーケットやサムイなど、さまざまな場所を旅したけど、一番気に入ったのが、北部にあるこのチェンマイ。

　チェンマイはバックパッカーの聖地ともいわれる場所で、安くてかわいいゲストハウスも多い。庭のハンモックやテラスでのんびりしたり、異国の人が集い、みんなでメロウな時間を過ごしていたのが印象的です。

　旧市街には美味しいレストランやすてきなカフェ、マッサージ店など、いろんな店が集まっているので、ここを拠点にすれば徒歩圏内で十分楽しめるはず。ドロップインのヨガクラスや寺院巡り、サンデーマーケットなど遊び方はいろいろ。チェンマイは有名な観光スポットではないけれど、日常にある小さなことを丁寧に楽しむには最高の場所。暮らすように旅してみてください。旧市街から足をのばすには、ぜひトゥクトゥクで！

　日本から直行便があるバンコクを旅する人が多いかもしれないけど、エリアによって個性はさまざま。もし時間に余裕があればヨーロッパ旅行の感覚でタイの国内線を使って、いろんな場所を転々とする旅もいいかもしれません。

1. サンデーマーケットの
ジューススタンド 2. 地元
の市場。食べ歩きもできる 3.
お昼の散歩中の街中をパシャ
り 4. 夕方の散歩。旧市街の
お堀近くは空が開けているの
で夕暮れのお散歩ルートに
5. サンデーマーケットの野
外マッサージ

#05 CHIANG MAI

TRIP INFO

おすすめスポットはすべて徒歩圏内。
一人旅にも優しいチェンマイで豊かな日常を体験。
アドベンチャー感を求める人も満足する場所です。

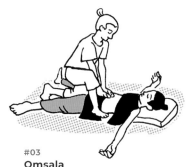

Shop

#01
サラーモーンオーソット

ターペー通りにあるハーブ薬局。客のお目
当ては店の前の土鍋で温めている秘伝のお
茶「ナームヤータート」。ハニージンジャー
ティーのような味。私はこれを飲んだら風
邪も一撃だった。

#03
Omsala

「チネイザン」という伝統的な内臓マッ
サージを施す店。元は中国の道教に伝わる
気功療法の一つだった。現在、チェンマイが
メッカといわれ、ここはその中でも有名店。
不摂生をしている、ネガティブな感情を
持っていると強い痛みを感じるみたい。

https://www.omsala.com/

#02
North Gate Jazz Co-Op

チェンマイでは生バンドがとても流行って
いるようで、バーやクラブ、お酒を飲みに行
くと必ずといっていいほどバンドがいた。
生演奏を聴きに行ってみて。

Facebook: @northgate.jazzcoop

TIPS

☐ ワット（寺院）に入るときは露出の控えた服装で。

☐ 夏は日中は暑いけど、夜は冷えるので上着が必須!

☐ 「バックパッカーの聖地」とよばれ、一人旅の人も多いので
勇気を出してコミュニケーションを取ってみるのがおすすめ。

Spot

#01
サンデーマーケット

その名の通り、毎週日曜日に旧市街のター
ペー通りで開かれるマーケット。食べ物は
もちろん民芸品や服なども売っていて、ス
トリートパフォーマンスや青空マッサージ
店もあった。

#02
旧市街

お堀に囲まれていて、地図で見ると四角形
になっている部分が旧市街。入り口のター
ペー門から中に入ると、かつてチェンマイ
がランナー王朝時代の首都だったときに建
てられた多くの寺院があり、風情を感じる。
いろいろなお店がぎゅっと集まっていて、
美味しいレストランやかわいいカフェもあ
るのでお散歩が楽しい町。

Food

#01
Khun Kae's
Juice&smoothie Bar

旧市街にあるジュースバー。種類豊富な
コールドプレスジュースを求める人々で店
内はいつも大にぎわい。ターメリックや濃
厚なウィートグラスのショットもある。

Facebook: @khunkaejuicebar

#02
Cat House

タイやビルマ、レバノン料理が食べられる
レストラン。私のおすすめはビルマサラダ。
ブラウニーやスムージーなどのスイーツも
人気。旧市街を出てすぐのところにある。

https://www.cathousechiangmai.com/
Instagram: @cathousechiangmai

TRANSPORTATION REPORT

Songthaew ◎

「ソンテオ」という小型トラックを改造した乗
合バス・タクシー。タクシー式は流しを停めて
行き先を伝え、料金交渉を。安いので便利。

Tuk Tuk ◎

通行数が多くて便
利。乗る前に値段
交渉を忘れずに。

Taxi ○

エアコン付きで快
適。ホテルで事前
手配を。

Walk ○

旧市街の中は歩き
で移動がベスト。

Motorcycle ○

移動時間の短縮に
◎。国際免許が必
要。

1998 / Brazil

Journey
of Memories

" My first family
trip to Brazil."

"My cousin's
Sweet 15
Birthday party."

自由と出会った、
11歳ブラジルの旅。

　私は3歳のときにブラジルから日本に やってきました。そのときはまだ幼なく て飛行機に乗ったことはもちろん、ブラ ジルにいたことすら覚えていない。そん な私にとって、11歳のときに両親と行っ たブラジルが人生で初めての旅でした。 母国へ帰るというよりは、日本の外へ行 くんだ！ という感覚の方が強かったし、 海外旅行というよりは、飛行機という乗 り物に乗ってこの星の別の部分へ行くら しいという、なんだか漠然とした気分 だったのを覚えています。

　今思えば、あの旅で私の人生は変わり ました。空港も、飛行機も、自分や家族以 外の外国人の人たちを見るのも初めて。 耳が痛かったことくらいしか移動の記憶 はないけど、たどり着いた先は違う国ど ころか、違う星にでも来たかと思うほど で、そこでは空気も光も食べ物もすべ てが新しく、そしてとにかく毎日が楽し かった。

　飛行機に乗ったらこんなに楽しい場所 があるんだって、自分の住んでいるとこ ろってこんなに広いんだって。ワクワク するような、ホッとするような感じ。そ れまで子供ながらに窮屈さを感じ、自分 が持っている選択肢の中に納得のいくも のがなかったら、どうしたらいいんだろ

う？ って悩んでいた私は、このとき答え が見つかった気がしました。

　慣れ親しんだ日常から脱出すると、そ れまで当たり前だと思っていたことや、 悩んでいたこと、いろんなことがひっく り返って、今までいた自分の世界が急に 奥行きを持ち、キラキラし始めた。しば らくはこの衝撃的な体験に圧倒されてい たけど、次第にここが自分と所縁のある 場所だということを思い出すと、体はた くさんのことを吸収していった。

　初めてブラジルに帰ってきて、"自分の ルーツに触れ、己のアイデンティティを 理解する"みたいな大そうなことは子供 の私にはできなかったけど、確実に何か を感じ取ってはいたと思う。自分が育っ てきた文化が街中にあふれている心地よ さだったり、今まで知らなかった家族と 絆を深める温かさ、そしてしっくりくる という感覚。足りなかったピースがは まって、曇っていた視界が一気にクリア になっていった。この旅で私はそれまで 気づかなかったもう半分の自分と、旅の すばらしさを知りました。

　ブラジルで過ごしたあの1カ月は、も しかしたら私の人生で一番大事な1カ月 だったかもしれません。

TRIP #06

TULUM

トゥルムは、メキシコにあるリゾート地。私は「ここに行きたい！」という1カ所狙いで旅先を選ぶことも多く、この場所はまさにそれ。青く透き通った泉「セノーテ」と、世界中で注目されるホテル「Azulik」に行きたくて、この旅を決めました。

カンクンの空港から車で2時間の場所にあるトゥルムは、マヤ人が移住した最後の都市の一つで、「トゥルム遺跡」とよばれるカリブ海に面した遺跡群が世界遺産に。地元の人が住むこじんまりとした小さな町だけど、メインストリートだけはニューヨークのようなレストランやおしゃれなホテルが建ち並び、不思議な雰囲気だった。

エコリゾートのAzulikにはシャワーもWi-Fiもなく、灯りはキャンドルのみで夜は真っ暗。でも目的をもって削ぎ落とされた環境だから、なぜだか心には余裕がある。日々の恵まれた環境を見直すきっかけになりました。ホテルから眺める、地平線に昇る朝日。全面ガラス張りの部屋からはいつだって海が見える。どこにいても波の音が聴こえる環境に身を置く日々はとても幸せな気持ちだった。

セノーテは5000個ほどあるともいわれ、セノーテホッピングもきっと楽しい。観光客も多すぎず、プライベートな時間を楽しめるので、シティ好きのリゾート地としておすすめします。

1. 都市遺跡「チチェン・イッツァ」2. 食材も新鮮なシーフードタコス 3. カンクーンで宿泊したホテルで。新鮮なココナッツジュースを堪能 4. スイトゥンセノーテでの一枚。神秘的な空間 5. ホテル「Azulik」のギャラリー。最近Instagramにもよく投稿されている場所

#06 TULUM

TRIP INFO

小さなリゾート地でありながらそのクオリティは
世界屈指。一度は訪れたいメキシコ・トゥルムの
魅力を感じるなら、まずはここへ。

Hotel

#01
Azulik

森と融合した建物はすべてが芸術作品みた
い。部屋ごとが大きなツリーハウスのよう
な構造で、レストランもいくつかあり、一つ
ひとつが独立した塔のよう。まるで一つの
村を歩いているような気持ちだった。ジャ

ングルとカリブ海を眺める専用デッキやプ
ライベートビーチがあり、大自然に囲まれ
リラックスして過ごせるエコホテル。
https://www.azulik.com
Instagram: @azulik

Shop

#01
ZAK IK

「Azulik」に隣接するブティック。トンネルの
先に広がる店内は、枝で編まれた壁から光
が差し込み、床には小川のように水が流れる
神秘的な空間。シティリゾート系の服も販売。
https://www.azulik.com/fashion/zak-ik
Instagram: @zakik.azulik

TIPS

☐ 歩道は砂利道が多いので歩きやすさを重視したシューズやスポーツサンダルは必須。

☐ 通貨は基本ペソだけどUSドルが使えるので、手持ちがあれば一緒に持っていこう。

☐ タクシーは基本的にキャッシュでの支払いなので多めに用意するのがベター。

☐ パブリックビーチが少なく、ホテルのビーチを使うにはカフェを利用するだけでもOK。

Food

#01
ARCA

Azulikから車で15分くらいの場所にある、ミシュランガイドにも掲載されているレストラン。メキシコのルーツや伝統も大切にした大胆な創作料理を食べることができる。

https://arcatulum.com
Instagram: @arcatulum

#02
Kin Toh

Azulikのホテル内にあるレストランで、サンセットディナーがすてきなお店です。大人気だから予約はマスト。

https://www.azulik.com/gastronomy/kin-toh
Instagram: @kintoh.azulik

#03
Ice Fresh Baby

ここもAzulikの近くにあるアイスクリームショップ。ポップでかわいいお店で、スタッフもとてもフレンドリーだった。地元の人にも愛されているお店。

Instagram: @icefreshbaby

Spot

#01
セノーテ

地面の陥没穴に地下水や雨水が溜まってできた泉をセノーテという。鮮やかな青い水面が広がり、潜れば透明度の高さにびっくりする。ダイビングやシュノーケルを楽しむ人も多いみたい。私が行ったスイトゥンセノーテは、洞窟の天井から一直線に射し込む太陽の光が神秘的で美しい場所だった。

#02
チチェン・イッツァ

マヤ文明最大の都市遺跡「チチェン・イッツァ」。階段状のピラミッド「エルカスティージョ」や宗教儀式が行われた球戯場などたくさんの遺跡が現存する。

TRANSPORTATION REPORT

Bus ○

「ADO」バスは少し高めだけど快適で安全。乗合バス「コレクティーボ」は格安だけど混み合うので、近場の利用の方がいいかも。

Rental Bike ○

遺跡やセノーテまで市内から4〜5kmなので、体力があるなら自転車で景色を楽しむのもアリ。借りる前にブレーキ付きか確認を。

Rental Car ◉

タクシーは割高なので、長距離移動にはレンタカーがベスト。

Taxi ◉

流しが多いので近場の移動には便利。

TRIP #07

LOS ANGELES

仕事やプライベートで何度も足を運んでいるL.A.。その魅力はやっぱり天気の良さ！とにかく過ごしやすく、食事にも困らない。さまざまな食習慣をもつ人々にも選択肢がたくさんあり、ニューヨークと同じく暮らすように旅ができる場所です。

大型ホテルではなく、個性あふれるブティックホテルが好きな私としては、心地よいホテルがたくさん。定番の「Ace Hotel」の周りにはいろんなお店があって便利だし、サンタモニカのビーチ沿いにある「Palihouse」はまるで映画の主人公が住む家のようですてき。ギャラリーや美術館も多く、入場料無料の曜日や時間を設けているところもあるので、ア

ート巡りもおすすめです。

ハリウッドやビバリーヒルズなど、世界的に有名な観光スポットはたくさんあるけれど、エコパークやシルバーレイク、ダウンタウンなど、地元の人が集まるエリアの方が断然楽しい。お気に入りのセレクトショップや古着屋もあるし、働く人にもエネルギーがあって好きです。かわいいホテルの多いL.A.は、ぜひエリアごとに滞在先を変えて旅に彩りを。エリアによってカルチャーも違うから、それも楽しんでほしい。もし時間に余裕があるなら、海岸沿いを走るパシフィック・コースト・ハイウェイをドライブしながらマリブまで。とても気持ちいい旅になるはず！

1. 砂漠に立つアート作品「セブン・マジック・マウンテン」。2021年12月頃まで公開予定 2．散歩中に見つけた花のドーム 3. エコパークで見た夕日 4.「The LINE Hotel」の中にある有名なカフェ「Commissary」の朝食 5. 映画「ラ・ラ・ランド」にも登場するグリフィス展望台近くのハイキングコース

#07 LOS ANGELES
TRIP INFO

リラックスしたビーチカルチャーが息づくL.A.には、
太陽の光を感じる心地よい店が多数点在。
Uberをうまく使うのが正解。

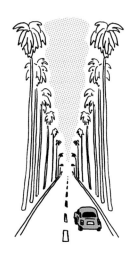

Activity

#01
フリーマーケット「ローズボウル」

毎月第2日曜日に開催される来場者2万人以
上の大規模なフリーマーケット。古着やビン
テージ家具、雑貨など商品は多種多様。
L.A.はいろんなフリーマーケットがあるので、
ぜひ自分好みの会場を見つけてみては。

Food

#01
Sage Plant Based Bistro

エコパークの近くのプラントベースレスト
ラン。メニューには季節ごとに新鮮な地元
の食材を取り入れ、有機農産物を使うなど
品質にも気を遣っているそう。

https://www.sageveganbistro.com
Instagram: @thekindsage

#02
Little Sister DTLA

東洋と西洋の出会いをテーマに、主にベト
ナム料理など東南アジアの食文化に影響を
受けた創作料理が食べられる。ヘルシー志
向の人でも楽しめるメニューも揃っている。

http://www.dinelittlesister.com
Instagram: @dinelittlesister

#03
Kitchen Mouse

地元の人に愛されるかわいいカフェレスト
ラン。クッキー、カップケーキ、パンはすべ
てヴィーガンとグルテンフリー。ベジタリ
アン向けの朝食とランチメニューもある。

https://www.kitchenmousela.com
Instagram: @kitchenmousela

TIPS

☐ エリアごとに雰囲気がはっきり分かれるからベースとなるホテルを変えて楽しんでみて。

☐ ナイトライフも楽しいけどクラブやバーは午前2時に閉まるので早めにいった方がベター。

☐ 人気のレストランは予約して行くのがおすすめ。

☐ 夜は急に寒くなるからジャケットやアウターを持っていると安心。

Hotel

#01
The LINE Hotel

注目度が高いコリアンタウンにある韓国文化を取り入れたデザイナーズホテル。ホテル内のカフェレストラン「Commissary」では韓国系アメリカン料理を体験できる。

https://www.thelinehotel.com/
los-angeles/overview
Instagram: @thelinehotel

#02
The Beverly Hills Hotel

別名ピンクパレスとよばれる老舗ホテル。往年のスターに愛用され、レトロな内装が人気。どこを切り取っても絵になるホテルです。特にホテル内の「カバナカフェ」は食事だけでも行ってみてほしい！

https://www.dorchestercollection.com/en/
los-angeles/the-beverly-hills-hotel/
Instagram: @bevhillshotel

#03
Ace Hotel Downtown Los Angeles

ダウンタウンにあり、周りに「Whole Foods Market」や美味しいレストランがあるので便利。屋上バー「Upstairs Bar」では、街の景色を眺めながら生演奏を聴いたりドリンクを楽しめる。

https://www.acehotel.com/losangeles/
Instagram: @acedtla

#04
Palihouse Santa Monica

サンタモニカビーチのそばにあるデザイナーズホテル。客室がとにかく広くて、バスタブや豪華なキッチン付き。部屋ごとに内装が違うので何度来ても楽しめます。レストランやロビーも全部かわいかった。

https://www.palisociety.com/hotels/
santa-monica/
Instagram: @palisociety

Spot

#01
エコパーク

イーストサイドの公園で、家族やカップル
が芝生でピクニックを楽しんでいます。週
末であれば近くで開かれるファーマーズ
マーケットに立ち寄ってみるのも◎。

#02
リトルトーキョー

最近は日本人が住む街というより、衣食住
にこだわる人が集まるエリア。おしゃれな
カフェやアイスクリームショップ、アパレ
ルショップがあって空気感が好き。

#03
マリブビーチ

ほかのビーチに比べると観光客が少ないの
で、プライベート感を味わいたい人向け。
街はラグジュアリーなショップや一流レス
トランが多く、高級感があふれている。

Shop

#01
Lassens Natural Foods & Vitamins

健康食品店からスタートした健康志向の
スーパー。日本では売っていないものや日
本で買うと高価な商品があるので、お土産
や飛行機の中で食べるおやつをよく買って
帰る。

https://www.lassens.com
Instagram: @lassens

#02
Shop Super Street

ファッションやアート、カルチャーをテー
マとしたセレクトショップ。スケーター
ファッションやストリートウェアブランド
のほか高級アクセサリーも取り扱っている。

https://shopsuperstreet.com
Instagram: @shopsuperstreet

#03
Glossier LA

NYの人気コスメで2018年にL.A.にオープ
ン。ライトピンクとゴシックフォントのブ
ランド名が入ったアイテムを求めて連日盛
況だそう。店内もピンクで統一され、かわ
いらしい雰囲気。

https://www.glossier.com
Instagram: @glossier

TRANSPORTATION REPORT

Rental Car ◎

フリーウェイ（高速道路）が発達して
いるので、短い時間でいろんな場所へ
行きたい人にはおすすめ。

Uber ◎

タクシーより安くて便利だ
けどピーク時には料金が上
がることも。

Bus ○

ほぼ全域に路線がありエリ
ア内の移動に◎。

Taxi △

流しがないのでホテルで事
前手配を。

HONG KONG

日本から約5時間でたどり着ける香港は、
さまざまなカルチャーと時代が入り混じる、奥深い場所。

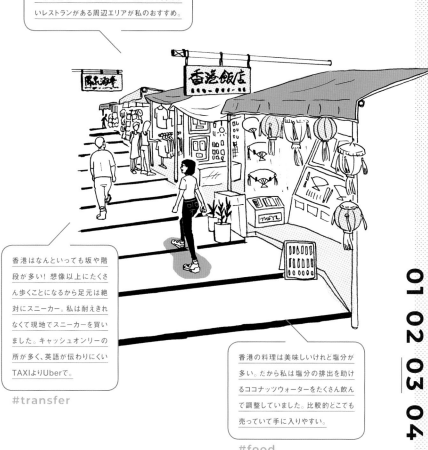

#area

注目は蘭桂坊 (ランカイフォン) という多様な人種の人々がにぎわうエリア。クラブやバーが多い中心部もいいけど、かわいいカフェや美味しいレストランがある周辺エリアが私のおすすめ。

香港はなんといっても坂や階段が多い! 想像以上にたくさん歩くことになるから足元は絶対にスニーカー。私は耐えきれなくて現地でスニーカーを買いました。キャッシュオンリーの所が多く、英語が伝わりにくいTAXIよりUberで。

#transfer

香港の料理は美味しいけれど塩分が多い。だから私は塩分の排出を助けるココナッツウォーターをたくさん飲んで調整していました。比較的どこでも売っていて手に入りやすい。

#food

01 02 03 04

TRIP #08
LAOS

　国土の約70％が高原や山岳地帯のラオスは、とってものどかで、ほのぼのとした時間が流れています。1990年代まで事実上鎖国状態だったこともあり、独自の文化が発展し、まるでタイムスリップしたかのような独特で不思議な空気。実はラオスのことはあまり知らなかったけど、「クアンシーの滝を見てみたい〜！」という、いつもの1カ所狙いで、この旅は始まりました。

　柔らかなエメラルドグリーンの水が幾層にも流れる、神秘的な雰囲気漂うクアンシーの滝。拠点となるルアンパバーンの街から30kmほど離れたメコン川の下流にあり、駐車場からはアクセスも簡単。滝の上にも歩い

て行けるので、30分ほどハイキングを楽しみました。訪れたのは1月だったので、水は冷たかったけど滝つぼで泳ぐ気分は最高！夜は滞在したロッジの人と焚き火をしたり、美しい星空を眺めたり……。ラオスの豊かな自然に感動。何もしないことを楽しむ、充実した時間を過ごせました。

　拠点となったルアンパバーンは、14世紀半ばに誕生したラオス王朝と、フランス統治時代の面影が残る場所で、街全体が世界文化遺産。歴史的な寺院も多く、早朝の托鉢も有名。一目見ようとまだ暗いうちから多くの人が集まります。ナイトマーケットではストリートフードを食べながら買い物が楽しめます。

1. 市場の屋台ごはん 2. マーケットは夜になると道路沿いにお店が並び、昼間は道路になっている 3. 軒先をデコレーションするお店 4. 3の街並みは夜になるとライトアップされてきれい 5. ラオスはどこものどかで街全体がゆったりとした雰囲気

#08 LAOS
TRIP INFO

昔ながらの街並みが残るルアンパバーンを拠点に、
ラオスの自然を満喫! 夜になるとライトアップされる
マーケットもかわいいので、一緒に楽しんでみて!

Spot

#01
クアンシーの滝

街から1時間ほど離れた自然公園の中にある。大きな滝から段丘地形へ流れる淡いエメラルドグリーン水が神秘的。自然にこんな地形がつくられたことにも感動する。こんな景観、なかなか見られないと思う。私が訪れた1月は水が冷たかったけれど、暖かい時期は滝つぼで泳いだり、のんびりと過ごす人が多いみたい。

#02
プーシーの丘

旧市街の中にある丘で、ほぼ360度街並みを見渡せるビューポイント。夕方になるとメコン川に沈む夕日を見るために多くの観光客が集まってくる。いくつかある入り口のうち一般的なのは王宮の向かい側からのルート。328段もあるらしい階段を上ると、頂上にはタート・チョムシーという金色の仏塔が建っている。

#03
ルアンパバーンの旧市街

ルアンパバーンの旧市街は街そのものが世界遺産。フランス統治時代のコロニアル様式の建物がいたるところにある。早朝、修行僧がやってきて托鉢をしている光景に出会うことも。

TIPS

☐ ルアンパバーンの店は22時～23時に閉店。クアンシーの滝周辺の飲食店は
18時頃閉まることもあるので気をつけて。

☐ 基本的にクレジットカードは使えないところが多いので、キャッシュを多めに用意して。
ただし日本円を換金できるところが少ないため、事前にドルを用意するか
タイバーツを利用しよう。

Food

#01
Coconut Garden

定番のラオス料理が味わえるレストラン。
サンドイッチやピザ、ベジタリアン向けの
メニューもある。ラオスは壁やドアがない
店がほとんどだけど、ここも野外の空気が
気持ちよかった。

http://www.elephant-restau.com/
coconutgarden/

#02
Khmu Garden Restaurant

ナイトマーケットの中心にあるにぎやかな
店で、洋食もアジア料理も食べられる。ラ
オス料理の味付けはローカル寄り。日本人
もたくさんいる人気店。

https://www.facebook.com/pages/
category/Spa/Khmu-Spa-Restaurant-
1180070248685394/

Hotel

#01
Vanvisa At The Falls

クアンシーの滝周辺の自然公園の敷地内に
あるホテル。食事の提供もなく、キャンプ
場の山小屋のようだけど、公園の閉園後に
しか見られない夕日や星空がとてもきれい
なのでぜひ！ 暗くなると近所の住人が軒
先で夕飯の支度を始め、生活の一部を垣間
見ることができます。

http://www.vanvisaguesthouse.com/
AtTheFalls/index.html

#02
Avani+ Luang Prabang

立地がよく、便利。レストランやお土産屋
さんがあるナイトマーケットやプーシーの
丘、国立博物館も歩いてすぐ行ける距離に
ある。比較的最近建てられた新しいホテル
で、清潔感もあって快適に過ごせる。

https://www.avanihotels.com/
ja/luang-prabang
Instagram: @avani_hotels

TRANSPORTATION REPORT

Tuk Tuk ○

公共交通機関がないので、郊外へ
の移動に便利。料金は事前交渉制
なのであらかじめ相場の確認を。

Walk △

街灯がほとんどなく
暗いので、夜道には
気をつけて。

Taxi △

流しはほぼないので、
ホテルや宿で手配を。

Boat △

冒険気分を味わいた
い人にはいいかも。

Rental Bike ○

郊外への効率的な移
動手段におすすめ。

TRIP #09

SRI LANKA

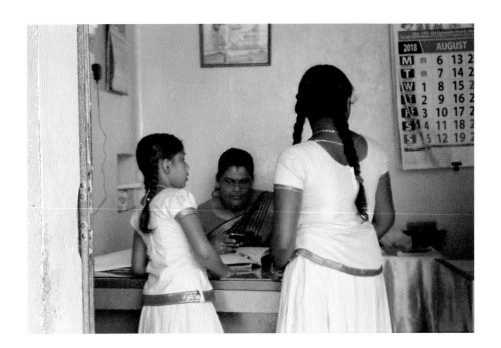

インド洋に浮かぶスリランカは、非日常空間で心身をリフレッシュする「リトリート」の体験施設やビーチリゾートが発展。いろんな楽しみ方ができる国だから、最初から何をするのか狙いを定めておくと安心です。いつも海外を旅するときは、あまり計画を立てない私だけど、スリランカだけは事前にしっかりリサーチ。「シーギリヤロック」を見たくて、夏に一人で訪れました。

日本からコロンボに入り、まずは1泊。国内は飛行機の路線が整っておらず、列車で、古都キャンディ入り。偶然にも年に1回開催されるスリランカ最大のお祭りの日で、街は大にぎわい。熱気に包まれながらキャンディ

に2泊し、シーギリヤロックまで約70kmの道のりをなんとトゥクトゥクで向かいました！ 初のトゥクトゥクロードトリップ！

寄り道しながら4時間ほど走って到着したシーギリヤロックは世界遺産にもなっている場所で、ジャングルに囲まれた巨大な岩山の頂上に王宮跡が現存。この荘厳な景色はペルーのマチュピチュと同じく、登って初めてその凄さを感じられる場所です。高さ180mの岩山の断崖絶壁につくられた階段をひたすら登る行程は、高い所が苦手な人には少し怖いかもしれないけれど、頂上から見る風景にはただただ感動。途中、カラフルな壁画や小さな広場もあるので、ゆっくり楽しめます。

1. ミンネリア国立公園のゾウたち 2. シーギリアロックの頂上 3. コロンボからキャンディまで行く列車で 4. キャンディからシーギリアまでトゥクトゥク移動の途中にあった寺院 5. キャンディで開催されるのスリランカ最大のお祭り「ペラヘラ祭り」のワンシーン

#09 SRI LANKA

TRIP INFO

交通設備があまり整っていないスリランカは、
運転手をつけると移動も楽に。美しい風景を眺められる
列車旅も取り入れながら、すばらしい自然を満喫して。

Spot

#01
シーギリヤロック

ジャングルにそびえる巨大な岩山。壁に張り付くようにつくられた階段は1000段以上もあるらしい。頂上には王宮跡がきれいに残っていて、この場所だけ浮かんでいるようだから「空中宮殿」とよばれることも。こんなに厳しい立地だけど、庭園や貯水池（プール）跡など、美しい景色を眺めながら遺跡探検が楽しめる。

#02
Sri Kaileswaram Temple

コロンボからキャンディに行く途中にあるヒンドゥー教のお寺。ヒンドゥー教の神話の世界を表しているという彫刻で覆われた寺院は、とても色鮮やかで目を奪われます。外観だけでなく中も敷地内もカラフルで印象的でした。

TIPS

☐ 空港からの移動で列車を使うなら、事前に日本でチケットを購入するのがおすすめ。

☐ キャンディからシーギリヤロックへは列車が通っていないので、車での移動が必須。

☐ シーギリヤロックに登るときは、身動きが取りやすい服装がベスト。

☐ 観光地として発展しているから、お金の交渉は事前に。

Spot

#03
ミンネリヤ国立公園

シーギリヤロックの近くにある、広大な国
立公園。公園内には野生のゾウがいて、
ジープサファリではゾウが水や草を求めて
集まる「エレファント・ギャザリング」を見
ることができる。ベストシーズンの7〜10
月の間に行くと、多い日では100頭以上の
ゾウに出会えるらしい！

Event

#01
エサラ・ペラヘラ祭

キャンディで行われるスリランカ最大＆ア
ジア3大祭りの一つ。ダラダー・マーリガー
ワ寺院を出発地とし、伝統舞踊のキャン
ディアンダンスの踊り子達が太鼓を叩き、
歌いながら街を練り歩きます。ものすごい
熱気で一見の価値あり！ 寺院周りの一画は
お祭りが始まると入退場できないので注意。

Shop

#01
Paradise Road
The Gallery Café

有名なアジアンリゾートホテルを多く手が
けたスリランカを代表する建築家ジェフ
リー・バワの元事務所を使ったカフェ。自
然と調和した独創的な建築に触れてみて。

http://www.paradiseroad.lk/restaurants/
paradise-road-the-gallery-cafe/
Instagram: @paradiseroad_srilanka

Hotel

#01
Wild Grass Nature Resort

森にあるヴィラで、大自然の中でサイクリ
ングやハイキングができる。木の上のレス
トランではサバンナのような景色を眺めな
がら、高級スリランカ料理などが味わえる。

https://www.wildgrass.lk
Instagram: @wildgrass_natureresort

TRANSPORTATION REPORT

Train ○
運行本数が少なく遅延もあるけど本土全域に
路線が広がり、海沿いから山間部までのんび
りと景色を眺める列車旅行ができる。格安。

Tuk Tuk ◎
乗車前に値段交渉
を。事前に相場が
わかると◎。

Pickme ○
スリランカの配車
アプリでUberよ
りも普及。

Bus ○
慣れると格安で運
行本数・路線も多
く便利。

Taxi △
流しが少ないので
ホテルで手配を。

TRIP #10

CUBA

　1960年代にアメリカとの国交を断絶し、社会主義国家として時代を歩んできたキューバ。ヨーロッパの植民地時代の影響を受けたバロック建築と、アメリカのクラシックカーがいたるところに走る街並みは、まるで映画の世界に迷い込んだよう。昔観たキューバを題材とした古い映画の光景と現在の景色がまったく変わっていないことに驚きました。

　特にその景色が色濃く残る旧市街のオールドハバナは、絶対に訪れてほしい場所。高い建物がなく、太陽の光がたっぷりと降り注ぐこの街は、夕日でピンク色に染まりとてもきれいだった。

　家の軒先でくつろぐ地元の人々や小道でサッカーを楽しむ子供たちなど、街には穏やかな時間が流れていました。海が近いので港町っぽい雰囲気もあるけれど、ヨーロッパの文化がミックスされて、独特なムードが漂う。カラフルな建物が白熱灯に照らされる夜の街並みはまるでバリみたいでロマンチック。クラシックカーのタクシーは少し割高だけど、あんな車に乗ってドライブするチャンスはなかなかないから、ぜひ体験してみて。

　街を歩けばあちこちで音楽が流れ、どこでも踊りだしてしまう明るく陽気な国、キューバ。日本とは違った独特な文化や習慣も楽しみながら、ラテンの国を存分に味わってほしいです。

1. カフェで歌う人たち。キューバではいつもどこかで誰かが歌い踊っている 2. 旧市街の路地。どこも絵になる街並み 3. 「Hotel Sevilla Habana」の敷地内 4. 色鮮やかなクラシックカーのタクシー 5. 旧市街の日常的な風景

#10 CUBA

TRIP INFO

必要最低限のモノで暮らす社会主義国だけに、街の歴史を楽しむのがおすすめ。
雰囲気抜群のホテルやレストランにも足を運んで。

Spot

#01
オールドハバナ

キューバの首都ハバナの歴史地区。
ヨーロッパの植民地時代の影響で
バロック風の建物が並んでる。そ
こにアメリカ統治時代に広まった
カラフルなアメリカ車が走ってい
るから、まるで映画の世界に入っ
たみたい。家の前でくつろいだり、
親子でサッカーをしてたり、お
しゃべりしている人がたくさんい
ました。

Hotel

#01
Hotel Sevilla Habana

老舗で有名なホテル。スペインの
建築様式の影響を受けた重厚な建
物は100年ほど前に建てられたら
しい。客室は天井が高く、クラ
シックな雰囲気。

http://www.hotelsevilla-cuba.com
Instagram: @hotelsevillaweb

Food

#01
La Guarida

建物は廃墟みたいだけれど、中は
高級レストラン。キューバやスペ
イン料理をアレンジしたメニュー
が楽しめる。格式高い店だけど、
日本と比べれば値段はお手頃だか
ら経験としてもいいかも。

http://www.laguarida.com

#02
El del Frente

若者たちに人気で、キューバ料理
のほかにもベジタリアンやヴィー
ガン、グルテンフリーのメニュー
もある店。モダンでカジュアルな
雰囲気だから友人と食事をするの
に最適。

Facebook: @EldelFrente303

TIPS

☐ キューバ対応のポケットWi-Fi会社が少なく、現地のフリーWi-Fiもほとんどない。
インターネットを使うなら街で時間制限付きのWi-Fiカードを購入しよう。

☐ キューバには現地の人が使う通貨（CUP）と、外国人旅行者用の
通貨（CUC）が2種類ある。空港で両替を忘れずに！

☐ 現地では日本円から換金できないので、必ず日本でドルかユーロ、カナダドルを用意。

TRANSPORTATION REPORT

Taxi ◎

公共交通が少なく、タクシーが主要な移動手
段に。クラシックカーのタクシーはぜひ乗っ
てみて！料金交渉も忘れずに。

Bus ○

都市間の移動には長距離バスを。観光客で混
み合うので事前予約がベター。もし乗れない
場合は乗合タクシーを使ってもいいかも。

Walk ◎

市街地は歩きなが
ら街散策を楽しん
でみて。

Train △

遅延が多く、旅行
者には不向きかも。

ANOTHER TRIP #04

HOI AN

ベトナムの港町ホイアンは、街全体が世界遺産。
親切で、物価も安いこの街は、暮らすような旅がしやすい。

#country

チェンマイと同じように、暮らすように旅をする
には最適な国。旧市街まで散歩してお茶をし
ながら読書、店の人とおしゃべりして……って、
一人旅のスキルを上げるのにおすすめの国。

#transfer

ホイアン内の移動は原付タクシー
やレンタルバイクが便利。乗る前に
値段交渉を。ダナン空港からホイア
ンまでは、ローカル感を味わいたい
ならバスにも挑戦を！ただし乗車料
金が明記されていないため、下車す
る際は現地の人に支払い料金を聞
いてみて（多めに渡すとお釣りが
返ってこないことも）。時刻表もない
のでバス停で待つのみ！

#recommend

ホイアンはこしんまりとした街だけど、自分の足で好きな
場所に行きやすい一人旅向きの場所だと思う。旧市街に
は遺跡が点在し、少し足をのばせばビーチや五行山への
ハイキングも。長期滞在者の多いゆったりとした街です。
隣町のダナンはホイアンより都会でリゾート地でもあるの
で、割安でリゾート気分を味わいたい人にはおすすめ。

01 02 03 04

Russia

The United
Kingdom

China

Japan

India

Australia

YOUR TRIP MAP

あなたが今まで訪れた国を塗りつぶして、自分だけのトリップマップを作ろう。
旅をするたびカラフルになる地図を見れば、また旅に行きたいってワクワクしてくるはず。

The United States
of America

Canada

The United States
of America

Hawaii

Brazil

New Zealand

Have a nice trip!

Q & A　大屋夏南に聞いてみた!

もっと旅のこと教えて。

"Tell me more about your trip."

初めての一人旅、どんな気持ちだった?

寂しいっていうのが多分一番強かった感情だった
と思うけど、一人旅でしか出来ないこと、
一人だから考えられること、友達ができたことで
最終的にはとってもいい経験になりました。

飛行機は、
通路側と窓側、
どっちが好き?

窓側。

旅してきた中で、
一番心が震えた場所はどこ?

セドナ・トゥルムでの
朝日とセノーテ。
でもそれぞれよさが
あって一番を
決められない!

一人旅の防犯面で気をつけていることは?

まずは安全なところから
旅に出たらいいんじゃないかな?
日本でも同じだけど、人気がないところは
夜一人で出歩かないくらいかな。

長旅のときは洗濯どうしてる?

だいたい洗濯機を
置いてるホテルには
洗剤も置いてあるから特に
何も持っていかないかな。
Airbnbも同じ。
NYだったら家に洗濯機が
ない家が多くて
デイリーに使える安い
クリーニング屋があるから
そこに出しちゃうし、
アジアだったらホテルに
頼んでも安いから
そうしちゃう。

暑い国と寒い国、どっちが好きですか?

暑い国! パッキングも楽でいい。

旅先で怪我や入院をしたことはある?

捻挫して救急に行ったことがあるよ。
レントゲンと痛み止めの処方をして
もらったけど、クレジットカードの
保険でカバーできました。

使っている旅行カバンはなに?

リモワのチェックインMサイズ、
ザ・ノース・フェイスのテルス42。

初心者一人旅におすすめの国は?

初めてで不安! という人はハワイ。
ちょっとアドベンチャー感が
欲しい人はチェンマイ。

旅先での失敗ってある?

全部戻ってきましたが、
パスポート、財布、携帯といった
ライフラインを一通り
失くしたことがあります(笑)

他国の文化の違いに驚いたことは?

スリランカの人たちの人懐っこさには驚き。
初めて会った家族に10分で家に招待された。

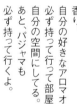

旅先での眠りについてのこだわりポイントは?

香り。
自分の好きなアロマオイルを
必ず持って行って部屋を
自分の空間にしてる。
あと、パジャマも
必ず持って行くよ。

**もし海外に住むなら
どこの国に住みたい?**

いろんな土地に行っても
やっぱりNYが好き。
あの街のエネルギーと、
多文化なところに
刺激をもらう。

**人生でこれが最後の旅行。
どこへ誰と行く?**

家族でブラジルへ。
ロードトリップをしたい。

日本にもあったらいいなと思う海外の文化は?

知らない人ともカジュアルに
コミュニケーションを取る文化は
すてきだなと思います。

旅先の朝の過ごし方を教えて!

朝は早いほう。習慣のヨガとメディテーションのあと
朝ご飯を食べて、コーヒーを飲みながら
少し書き物をして、散歩に行くのが定番です。

Q & A　大屋夏南に聞いてみた!

いつも考えていることはなに?
"What are you always thinking about?"

モチベーションUPの方法は?

頑張っている人たちの
インタビューや
偉人のドキュメンタリーを見てる。
YouTube、TEDトーク、
映画などなど。

**自分にあうスタイルって
どうやって見つけたら
いいのでしょう…?**

たくさん試して、失敗もして、
意地や見栄がなくなって、
自分に嘘がなくなった頃に
しっくりくるんじゃないかな。

周りをHAPPYにさせる秘訣は?

自分が幸せでいること。

**今のお仕事をしていなかったら、
どんなお仕事をしていたと思う?**

旅に関わるお仕事がしたいです。
去年プロトラベラーになったので
夢が叶いました!

**人生最大の
冒険ってなに?**

地元静岡を飛び出して、
今の仕事を始めたこと。

生きる活力は?

愛。家族、友達、
恋人、セルフラブ。

いつか叶えたい夢は?

70カ国旅すること!

今ハタチの自分に会えるならなんて声をかけますか?

もっと旅に出て、もっと無茶をしろ!

幸せってなんですか?

幸せはそのときのステージで変わっていくことだと思うから
ズバリこれ! とはなかなか言い切れないことだけど、
自分らしくいることと愛する人たちを大事にして、
楽しい時間を共有することかな。

一人旅。

一番の
リラックス方法は?

人生のモットーとは?

自分が幸せで
いることを最優先する。

欲しい才能はある?

音楽は多くの人を癒したり、
繋げたりすると思っていて、だから歌が
上手に歌えたらよかったなぁと思います。

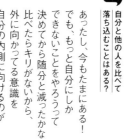

自分と他の人を比べて
落ち込むことはある?

あったし、今もたまにある!
でも、もっと自分にしか
できないことをやろうって
決めてから随分と減ったかな。
比べたらキリがないから、
外に向かってる意識を
自分の内側に向けるのが
大事だと思う。

この先挑戦したいことは?

ずっと言ってるけど、
一回でいいから坊主にしたい。

マイルールを教えてください。

選択肢は多く、ルールは少なく。

「美しい人」ってどんな人だと思いますか?

愛のある人。

TRAVEL TIPS

夏南流旅スタイル

旅の行き先はどうやって決めるのか、持ち物は何を持って行ったらいいのか、
現地でどう過ごしたらより楽しめるのか。
これから旅に出るみんなへ向けて、私が今まで旅をした経験をもとにまとめた
〝旅するコツ〟を教えます！

CONTENTS

PLAN
どんなときにどんな場所へ出
かけるのか私の旅の計画術。

PACKING
旅に欠かせないマストアイ
テムとパッキングのコツ。

FLIGHT TIME

長時間過ごす飛行機の中
で快適に過ごすための秘訣。

LOCAL LIFE

現地での過ごし方、コミュ
ニケーションの取り方。

COLUMN

旅をさらに楽しむためのと
っておきの情報。

PLAN

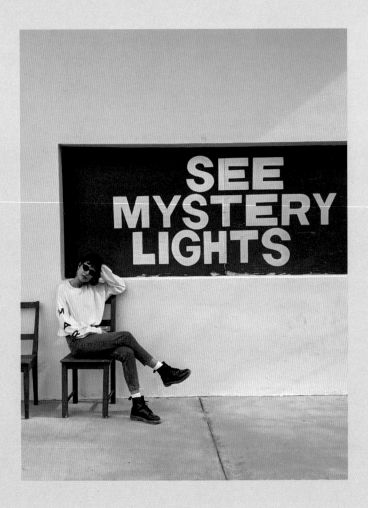

旅の計画

大事なのは自分が何を欲していて、どんなことがしたいか。
テーマを決めたり、フィーリングで行き先を決める、人とは少し違う私の旅計画術。

THEME_
テーマを決める

まずは自分が今何を欲しているか、旅先でどんなことがしたいか、というところからプランニング。「とにかく疲れているからゆっくりしたい」とか、「最近は新しいことにチャレンジしてないからアドベンチャーしたい」など、自分の精神状態と相談して旅のテーマを決定。

SEARCHING_
目的地の決め方 その1

旅の方向性が決まったらインターネットで世界地図を検索し、スケジュールと擦り合わせて目的地をいくつかピックアップ。私は生涯で70カ国訪れるのを目標にしているので、まだ行ったことのない国を優先的に選びます。それぞれの目的地を画像検索し、自分が一番ワクワクした所へ。

FEELING_
目的地の決め方 その2

こちらはもっとシンプルな選び方。ここに行ってみたい！これが見てみたい！ というスポット目がけて、その国へ行く。ときにはそれが世界遺産だったり、ホテルや自然であることも。その場所以外のことはあまり考えず、直感とフィーリングを信じて自分の夢を叶えてあげることを目的に。

HOW TO PLAN A TRIP
旅を計画するポイント

INFORMATION_
情報収集

普段からInstagramで見つけた絶景や雑誌に掲載されたレストラン、知り合いが訪れていた場所など、気になったところはすぐに調べて、いつか行きたい場所としてリストに。近々旅の予定がなくても、雑誌で旅やホテルの特集号があれば購入して我が家の"旅コーナー"にストック。

ARRANGEMENT_
旅の手配

現地での出会いやそのときの気分によって柔軟に旅がしたいから、計画はし過ぎないのが私のこだわり。旅の目的となるようなメインイベント以外は、ほぼノープラン。事前予約が必要なチケット類でなければ、現地で手配した方が割安になったり、融通が利くことがあるのでおすすめです。

SOLO TRAVEL_
一人旅のタイミング

私はバケーションとは別に旅に出る時期がある。それは凝り固まった考えを手放して新しい価値観を見出したい、丁寧に自分と向き合いたいなど、精神面で成長を欲しているとき。日常を離れフラットになると見えてくるものがあるので、一人旅は自分の停滞期を脱出するキッカケに。

(PLAN)

HOW TO CHOOSE A HOTEL

―――

旅のホテルの選び方

せっかく旅に出るなら、ホテルもいいところに泊まりたい。
私のホテルの選び方と利用術を紹介。

VARIETY_

旅のテーマによって
宿を選ぶ

ホテルから出ずにゆっくりし
たいなら、すべてが館内で済む
オールインクルーシブのホテ
ル、料理したり、自分の空間を
大事にしたいならアパートや
一軒家タイプのAirbnb、心身と
もにデトックスしたいなら静
かな環境で食事やアクティ
ビティも健康思考なホリス
ティックリゾートがおすすめ。

PRIORITY_

ホテルを選ぶ基準は
旅先によって変わる

ホテルに泊まるときは街の雰
囲気や特徴を基準にチョイス。
L.A.やNYならおしゃれなムー
ドのブティックホテル、ヨー
ロッパならロマンチックな気
分に浸れる歴史あるホテル、
南国ならビーチフロントのホ
テルが狙い目。どの街も大手
チェーンのホテルより、部屋
数が少なく静かな宿を選ぶ。

AIRBNB_

Airbnbもチェック

長期滞在やホテルが割高なと
きに便利なAirbnbだけど、場
所によってはホテルよりも
ゴージャスでコスパがいいと
ころも。観光ビジネスが盛ん
な場所や、ホテルの数が少な
い地域ではプール付きのヴィ
ラや、ルーフバルコニーがあ
る3階建ての一軒家なども。
グループでの旅にも便利です。

GEOTAGGING_

Instagramでも
リサーチ

ホテルを選ぶとき、旅行サイ
トやホテルのウェブサイトを
チェックするのはもちろんだ
けど、必ずInstagramの機能
にあるジオタグでも確認。ホ
テル側が"見せたい写真"では
なく宿泊者が撮ったよりリア
ルな写真やムービーが見れる
ので、信頼できる情報源とし
て活用しています。

DAY TO DAY_

ホテルホッピング

3日以上の滞在なら宿をチェ
ンジ。L.A.やバリなど地域ご
とに雰囲気が変わる旅先は
ベースを変えてそれぞれの
ムードを楽しみ、予算を工夫
して憧れのホテルに宿泊も。
「前半はシティ、後半はネイ
チャーより／前半は豪華なホ
テル、後半はAirbnbで節約」な
ど一度で二度美味しい旅に！

RESERVATION_

フライトに合わせて
アレンジする

帰りのフライトが夜なら、あ
らかじめレイトチェックアウ
トを予約しておくと便利。有
料だけど18時まで延ばせる
ホテルもある。値段によって
は別の格安ホテルか、割安な
Airbnbを予約するのも手。疲
れたらちょっとくつろげて、
フライトの前にシャワーも浴
びれるベースがあると快適。

PACKING

旅の持ち物と整理術

私の荷物選びとパッキング術をまとめて紹介。
旅を具体的にイメージすれば誰でもパッキング上手に。

CARRY ON_

**パッキングは
機内持ち込みの荷物から**

これは一番大事なパスポート
を忘れないために始めた習慣。
機内持ち込みの荷物は空港〜
現地の宿への移動時間を快適
に過ごすために必要なものを。
フライトの長さ、乗り換えの
有無で中身を変える。スマー
トな搭乗のため、フライト中
手元に欲しいものはポーチな
どで分けておくと便利。

BAGGAGE_

**それぞれの旅に合った
旅行カバンを**

旅行カバンは行き先によって
変更。基本的な移動手段が車
で、道路状態も整備されている
L.A.やNYなどの都市部なら
スーツケース。バスやトゥク
トゥクを活用したり、アクティ
ブに動くアジアの旅ならコン
パクトにバックパックがベター。
自分の旅のプランと照らし合
わせてベストなものを選ぶ。

FASHION_

**洋服はコーディネートが
決まってからパッキング**

旅先で「これに合わせるもの
がない！」なんてことになら
ないように、洋服はパッキング
の段階でアクセサリーまで全
身コーディネートをする。完
成した順に床に並べ、持って
いくアイテムの中で他のコー
ディネートも組むと無駄がな
い。持ちものが全部決まった
ら詰める作業をスタート。

HOW TO PACK FOR A TRIP
夏南流パッキングの心得

STYLING_

**行き先ごとにファッションを
変えて楽しむ**

「なりたい女性像のイメージ
＋旅先のムード」を考えて
コーディネート。足元は現地
の道路環境と、移動手段を考
慮して選んで。ハイキングす
るからスニーカーなど、現地の
予定に合わせたアイテムも忘
れずに。場所によっては肌の
露出を控えたり文化を尊重し
た服装を心がけることも大切。

COSMETIC_

**旅先によって
コスメをチェンジ**

南国なら肌はコンシーラーと
日焼け止めのみ、アイメイク
はせずリップでポイントを。
シティならきちんと肌をつく
りシェーディング＋ハイライ
ト、マスカラはしっかりと。
アイシャドウやリップの色は
街のムードに合わせて。服が
決まるとイメージしやすいの
でコスメは最後にパッキング。

LITTLE SPACE_

**旅行カバンは
パンパンにしない**

旅先で買い物したときのこと
を考慮して、旅行カバンに少
しスペースを空けておく。ま
だ入るからとあれこれ詰めた
りせずに、いいものに出会う
ことを楽しみにするべし。そ
れでも荷物が入りきらなかっ
たときのため、折りたためる
大きめのバックを一つ入れて
おくと重宝します。

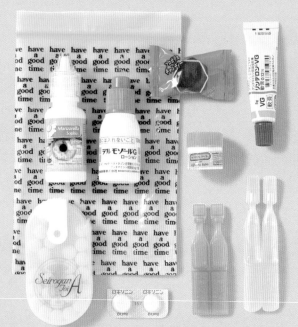

ITEM_ 01
救急セット

海外の薬は強いものが多く、何
かあったときのためある程度は
持参。左から時計回りに、プー
ルや海に入ったあとの目薬/湿
疹用の塗り薬/喉の痛みにプロ
ポリスののど飴/頼れる万能な軟
膏/虫刺されに効くバーム/急
な目のトラブルに抗菌目薬/痛
み止め/食あたり対策の胃腸薬。

ITEM_ 03
常備セット

何かと便利なアイテムは常備して。
左上から時計回りに、たっぷり汗
をかけるバースの入浴剤（このサイ
ズで3回分！）/ネイルケア用
の除光液シート/おしぼり文化の
ない海外で便利なウェットシート
は、小分けで香りのいいハーバン
エッセンシャルズのアロマタオル
が好き。/食生活の乱れをカバー
するエル カフェの青汁。

ITEM_ 02
歯ブラシ

海外では宿に歯ブラシを置いて
いないところも多いので、普段
から愛用しているオーロメアの
トラベル用歯ブラシセットはマ
スト。長時間のフライト時は機
内に持ち込み、食後と飛行機を
降りる前に歯を磨きます。

(PACKING)

MUST HAVE ITEMS

———

旅の必需品

急な体調不良も栄養不足も、備えあれば憂いなし。
旅先で快適に過ごすためのアイテム達。どこへ行くにも必ず持って行くスタメンメンバー。

(PACKING)

PACKING TIPS

—

持ち物整理術

数え切れないほどパッキングをしてきて学んだ、知っておくと便利なパッキングテクニック。
これさえ押さえておけば大事な荷物も安心。

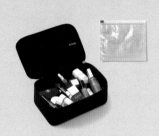  

TIPS_ 01
壊れ物はハードケースに

瓶の容器や衝撃に弱いアイシャ
ドウなどのコスメ類は、ハード
タイプのケースや衝撃を吸収し
てくれるポーチに。
(左:Aesop/右:Glossier)

TIPS_ 02
優秀なポーチを活用

下着や靴下など細々したものは
まとめてポーチへ。クローゼッ
トにかけられるフック付き、中
身がわかるクリアタイプが◎。

TIPS_ 03
液状コスメは詰め替えて

スキンケアやヘアオイルなどは
小さな容器に必要な分だけ詰め
替える。蓋を回すタイプの容器
は液漏れしにくいので◎。

TIPS_ 04
バッグインバッグで仕切る

スーツケース内はバッグで小分
けに仕切る。スペースも無駄な
くバッグごとにカテゴリー分け
すればアンパッキングも楽に。

TIPS_ 05
パッキングは車輪側から始める

シワが気にならない物や重い物
を車輪側に、潰したくない物や
繊細な物を持ち手側に詰め、ア
イテムのダメージを最小化。

TIPS_ 06
洋服をクッション材に

旅先で買った割れ物はジッパー
付き袋＋服で包んで衝撃ガード。
もし割れても服にダメージがな
いように袋に入れるのが肝。

(PACKING)

NEW YORK

———

ストリートからトレンドが生まれる街、ニューヨーク。
都会的なスポーティシックで魅せるシティガールに！

FASHION STYLE IN NEW YORK

ニューヨークではスポーティシックなスタイルを中心に。ハットやバッグなどの小
物使いできれいめなドレスをカジュアルダウンしたり、一枚でポイントとなるTシャ
ツにスラックスを合わせてスタイリッシュに。派手なビンテージの柄シャツにはリ
ラックスデニムでハズして、ラフな雰囲気のなかにも洗練された着こなしを楽しん
で！ そして、旅先には必ずパジャマ・水着を持参。水着は地域によって変えるけど、
ニューヨークにはスポーティなワンピースやハイウエストタイプが多いかな！

MY WARDROBE

1.トップス上／Palace Skateboards,下／HAL 2.ドレス／KYE,バッグ／Building Block,
スニーカー／adidas 3.サングラス／Poppy Lissiman,キャミソール／VINTAGE 4.ターバ
ン／フライングタイガー,Tシャツ／LQQK Studio,スニーカー／VANS 5.ピアス／BijouR.I,
リング／Sophie buhai,水着上／Tory Burch,下／Mara Hoffman 6.柄シャツ／
VINTAGE,ハット／NOAH,デニム／TOPSHOP,ブーツ／CELINE 7.シャツ／TOPSHOP
8.ドレス／TOPSHOP,バッグ／Places+Faces 9.トップス／FOREVER21,レギンス／
lululemon 10.水着／SLY 11.Tシャツ／Alex, パンツ／KAIDAN

(PACKING)

PARIS

時代を超えて愛されるロマンティックな街、パリ。
リラックスムードで魅せる上品フレンチシックスタイル。

FASHION STYLE IN PARIS

ロマンティックな街に合わせて、フェミニンなアイテムを。レトロなドレスには、フ
ラットサンダルでカジュアルダウン。Tシャツには光沢感のあるレオパード柄スカ
ートを。エレガントに仕上げてどんなシーンでも活躍！ それぞれのアイテムは、ベ
ーシックで素材に高級感をもたせて。寒いときに羽織るテーラードシャツやジャ
ケット、気軽に印象を変えられるショートブーツやアクセサリーも忘れずに！ パ
ジャマ・水着は、南フランスやホテルのプール用に上品なワンピースを。

MY WARDROBE

1.ジャケット／LOUIS VUITTON,サングラス／ノーブランド,バッグ／LIFESTYLIST　**2.**水着
Flagpole,リング／Hernan Herdez・Charlotte Chesnais,ピアス／ZARA,バングル／
Tiffany & Co.　**3.**シャツ／ZARA,パンツ／JOHN LAWRENCE SULLIVAN　**4.**ブーツ／
Maison Margiela　**5.**Tシャツ（グレー）／GINGERALE TOKYO,Tシャツ（白）／OZMA
6.パジャマ／gelato pique　**7.**バッグ／Loeffler Randall,サンダル／N°21　**8.**水着／Zulu
& Zephyr　**9.**デニム／Ungrid,シューズ／DRIES VAN NOTEN　**10.**シャツ／VINTAGE
11.ドレス／VINTAGE,バッグ／Building Block

(PACKING)

THAILAND

———

独自の文化が発展する東南アジアの中心地、タイ。
シティもリゾートも楽しむカジュアルスタイル。

FASHION STYLE IN THAILAND

移動も多く気温も高いタイは、動きやすいリラックス＆カジュアルなアイテム中
心に。日中でもさらりと着れるドレスは、柔らかい素材の締め付けないシルエット
をチョイス。足元が悪い道やハイキングすることも考えて、スニーカーやスポーツ
サンダルは必需品。アジアではカラフルな小物をプラスすることで旅をより
Happyに！ タイは世界遺産やシティ、リゾートも楽しめるので、水着はもちろん、
合わせやすいリラックスカジュアルなアイテムを持っていくことがポイント！

MY WARDROBE

1.バッグ／Palace Skateboards　2.ドレス／VINTAGE　3.柄シャツ／VINTAGE,サングラス
／VERYNERD　4.水着／不明　5.スニーカー／adidas　6.水着／不明　7.Tシャツ／
VINTAGE,ショートパンツ／SLY　8.Tシャツ／Girls Don't Cry,ショートパンツ／gelato
pique　9.シャツ／ZARA,サンダル／SUICOKE　10.メッシュバッグ／walker,サングラス／ノー
ブランド,ピアス／ZARA　11.トップス＆パンツ／FOREVER 21,サンダル／SLY

(PACKING)

BASIC MAKEUP ITEMS

———

旅先でのメイクって何を持っていけばいいのか迷うところ。
なるべくコンパクトに、でもしっかりメイクを仕上げられる
私のお気に入りを紹介!

3. EYEBROW PENCIL
4色付きで眉毛&
ハイライトにも

MAKEUP

旅先でもメイクの仕上が
りにはこだわりたいけど、
荷物も最小限に抑えた
い。どこの国でも頼れる
万能ベースコスメたち。

4. BRONZE POWDER
旅には持ち運びの便利な
ミニブロンザー

2. POWDER FOUNDATION
カバー力が高く手軽に使える
スティックファンデーション

**MINI
SIZE**

1. CONCEALER
南国で汗をかいても
崩れにくく、カバー力も◎

1. ポイントカバーに優秀。ラディアントクリーミーコンシーラー／NARS JAPAN 2. 塗るとパウダーのように広がりこれ1本で肌が整う。アンクル ド ボー オール アワーズ スティック／イヴ・サンローラン・ボーテ 3. 4色付きの眉ペンシルで、ベージュ系はハイライト代わりにも。Brow Contour Pro／ベネフィット（日本未発売）4. 発色が良くアイシャドウ＆チーク代わりに。紙パッケージでブラシ付きなのも◎。Hoola Matte Bronzer／ベネフィット（日本未発売）5. ボリュームタイプの眉ジェル。コスメを減らしてもこの1本は必須。Gimme Brow+ Volumizing Eyebrow Gel／ベネフィット（日本未発売）6. 練りタイプのハイライト。指でつけられるのがいい。Shimmering Skin Perfector Pressed Highlighter Mini／ベネフィット（日本未発売）7. トラベル用のショートサイズで持ち運びに便利。トラベルブラシセット パステル／JACKS beauty line

MINI SIZE

6. **HIGHLIGHT**
割れにくいから旅先も安心

MINI SIZE

5. **EYEBROW MASCARA**
旅先でもアイブロウアイテムはマスト

7. **MAKEUP BRUSH**
コンパクトなのにプロ仕様

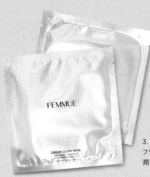

3. MASK
フライト後の
潤い補給

2. BOOSTER SERUM
浸透力が格段に上がる

4. FACIAL LOTION
日焼け対策に
ビタミンCを

1. FACIAL OIL
ゆらぎ肌を整える
ローズヒップ

SKINCARE

環境がさまざまに変化す
る旅先では、肌の状態
も乱れがち。どんな旅先
でもコンディションを整え
るスキンケアの救世主。

5. MOIST WATER
少量でしっとり潤う

MINI
SIZE

6. OIL
1本6役の万能オイル

MINI
SIZE

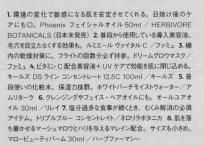

1. 環境の変化で敏感になる肌を安定させてくれる。日焼け後のケ
アにも◎。Phoenix フェイシャルオイル 50ml ／ HERBIVORE
BOTANICALS（日本未発売）**2.** 普段から使用している導入美容液。
毛穴を目立たなくする効果も。ルミエール ヴァイタル C ／ファミュ **3.** 機
内の乾燥対策に。フライトの回数分必ず持参。ドリームグロウマスク／
ファミュ **4.** ビタミン C 配合美容液＋ UV ケアで効能を肌に閉じ込める。
キールズ DS ライン コンセントレート 12.5C 100ml ／キールズ **5.** 普
段使いの化粧水。保湿力抜群。ホワイトバーチモイストウォーター／ア
ムリターラ **6.** クレンジングやフェイス・ヘアオイルにも。オールユアオ
イル 30ml ／リレイ **7.** 塩分過多な食事が続くとき、むくみ解消の必須
アイテム。トリプルブルー コンセントレイト／ネロリラボタニカ **8.** 肌を落
ち着かせるマーシュマロウとハリを与えるマレイン配合。サイズも小さめ。
マロービューティバーム 30ml ／ハーブファーマシー

7. EYE CREAM
目元のむくみを一掃

8. FACIAL BALM
ハーブで守る肌乾燥

MINI SIZE

1. シートマスク前にクレイパックで肌をクリアに。足の裏に塗るとむくみ解消、日焼け後のクールダウンにも。旅の必須アイテム。グリーンクレイペースト／アルジタル **2.**トップ＆ベースコートに。サイズも小さめ。2 in 1 ベース＆トップコート／ネイルズインク **3.** スティックタイプでしっかり密着。オーガニックで肌に優しい。プロテクトバームスティック トラベルサイズ／バジャー **4.** 免疫力を高め、疲労回復、邪気を払う効果も。モーニングスパーク 5ml／シゲタ **5.** 紫外線だけでなくブルーライトもカット。蓋つきで持ち運び安心。オールライトサンスクリームクリーム SPF18 PA+／アムリターラ **6.** 寝られないときは舌の上に垂らし、ゆっくり深呼吸。甘めで飲みやすい。レスキューレメディ 10ml／バッチフラワーレメディ **7.** 伸びがよく塗りやすい。プラスチックボトルで軽量。フェミニン マッサージミルク 125ml／ピュビケアオーガニック **8.** ラベンダーとシダーウッドの精油配合。ヘアケアしながら心もリラックス。精油ヘアオイル スーパーリラックス カーミング 55ml／ザ パブリック オーガニック **9.** 手首やこめかみに数滴塗る。お風呂に垂らしてアロマバスにも。YOU&OIL MEDITATION 5ml／ユーアンドオイル

2. BASE & TOP COAT
旅先のネイルケアに

MINI SIZE

3. PROTECT BALM
南国の虫除け対策に

1. CLAY MASK
むくみ・ニキビ・
日焼けにも効く

OTHER

旅を100%楽しむために、
体調の繊細な変化にもきちんと向き合いたい。いつもの自分でいるための心と体のケアアイテム。

MINI SIZE

4. ESSENTIAL OIL
いつもの自分を取り戻す

MINI SIZE

5. SUNSCREEN
あらゆる光から肌を守る

MINI SIZE

6. FLOWER ESSENCE
ストレスを和らげる

7. BODY CREAM
保湿で優しくケア

8. HAIR OIL
癒されながら髪も潤う

9. ESSENTIAL OIL
心を静かに整える

(PACKING)

CHANGE YOUR MAKEUP

街には、その街が持つ表情がある気がする。
その土地の気候や、文化や、女性たちの佇まい…ファッションと同じように、
そんな街の表情に合わせてメイクも楽しみたい!

NEW YORK

クールな街の雰囲気に合
わせてメイクもかっこよく。く
すみカラーでおしゃれ顔を
演出。ナイトシーンに活躍
するアイライナーも忘れず
に。大好きな街には一番好
きな香水を合わせて。

1. PERFUME   2. EYELINER   3. LIPSTICK

PARIS

ロマンチックな街には女っ
ぽさを演出するアイテムを。
メイクは艶と血色感を出し、
赤リップをポイントに。目元
はボリュームを出したまつげ
でパリジェンヌ気分。香りは
こっくりと甘いものを。

1. PERFUME OIL   2. CHEEK POWDER   3. LIPSTICK

THAILAND

リラックスしたムードに合
わせてメイクもナチュラル
に。眉を整えて、少しの艶
とリップに赤みを足すだけ。
素肌にも馴染むクリームタ
イプのコスメが◎。香りは
アロマでスッキリと。

1. ESSENTIAL OIL   2. SUNSCREEN   3. HIGHLIGHTING CREAM

4. **MASCARA**

5. **EYE SHADOW**

6. **NAIL POLISH**

1.ブルックリン生まれの香水で気分を高める。MOCIUN #1 PERFUME OIL 10ml／MCMC Fragrances（日本未発売）**2.**細めで描きやすく滲みにくい。ハイパーシャープライナーRBK-1／メイベリン **3.**くすんだピンクでかっこいい印象に。パウダーパフリップビーリップクリーム 01カラー・クールインテンションズ／NYX Professional Makeup **4.**細かいまつげも拾い、お湯で落とせる。イニスタブル エクストレム／シャネル **5.**4色づかいで変化をつける。レ キャトル オンブル 328 ブラーリー モーブ／シャネル **6.**個性の街に負けない色を。green ポピーシード／マニキュリスト

4. **MASCARA**

5. **HIGHLIGHTING POWDER**

6. **NAIL POLISH**

1.深く甘いアンバーの香り。Amber Musk Perfume Oil 5ml／Nemat（日本未発売）**2.**頬もピンクに女性らしく。ビオモイスチュアチーク 05 ジョイ／エムアイエムシー **3.**しっかり色付く口元に。ルージュ ピュール クチュール ザ スリム 23・ミステリーレッド／イヴ・サンローラン・ボーテ **4.**昔のパリジェンヌのようなボリュームまつげに。ル ヴォリューム レヴォリューション ドゥ シャネル／シャネル **5.**光沢感のあるハイライトで艶だし。ハイライティング パウダー アフタヌーングロウ／ボビイ ブラウン **6.**爪は渋めの色で引き締め。ネイルピュア ヴィクトリア／ネイルズインク

4. **EYEBROW GEL**

5. **LIP&CHEEK CREAM**

6. **NAIL POLISH**

1.ミントのロールオンで南国でも爽快。ハーブ オイル 33+7 ロールオン／ナリン **2.**オーガニック成分のボディ用に。UVフェイス&ボディ プロテクター 80ml／チャントアチャーム **3.**素肌に馴染むナチュラルカラーを。ルミナイザークワッド／rms beauty **4.**クリアジェルで汗をかいてもキープ力持続。24 Hour Brow Setter (Clear Brow Gel)／ベネフィット（日本未発売）**5.**色付きが調整できる練リリップ。チークにも。リップチーク ビーラブド／rms beauty **6.**カラフルな街に合わせて手元はポップに。ヴェルニィ・ジバンシイ No.14 ヴィヴィッド・オレンジ ※現在は販売を終了しております。／ジバンシイ

FLIGHT TIME

機内での過ごし方

旅に出るときに長い時間を過ごす飛行機の中。
より快適に過ごせるように、いろんな工夫をしています。

CONCENTRATION_
集中できる時間

機内での時間は何にも邪魔されない貴重な時間。旅先に仕事を持ち込まないためにも、動画編集や写真の整理、原稿を書いています。携帯電話も繋がらず、気を削がれるものがないのでやるべきことに没頭できる。

SERVICE_
機内エンターテイメント

機内サービスでは新作映画などをチェック。TEDトークやドキュメンタリー、アーティストのライブ映像も好き。あらかじめストリーミングサービスの映画やドラマをパソコンやタブレットにダウンロードしておくと◎。

STRETCH_
むくみに注意

飛行機に乗ると避けられないのが脚のむくみ。対策としては離陸前から着圧ソックスを履き、数時間に一度脚や股関節周りのストレッチや、機内を歩いたりします。ストレッチ方法を機内の番組で紹介している航空会社も。

HOW TO HAVE A GOOD FLIGHT
機内で快適に過ごすコツ

SLEEPING_
時差ボケ対策は機内から

機内での睡眠は現地の到着時間に合わせて。朝到着する便なら機内で十分に睡眠を取り、着いてからもアクティブに動けるように。夕方以降に到着する場合は、できるだけ起きて過ごすと夜もぐっすり眠れて時差ボケになりにくい。

SNACK_
おやつは忘れずに

機内での食事は選択肢が限られているので、間食できるものを持参。ヘルシーなスナックや、旅中も手軽に食べれるグラノーラバーを手作りしていくことも。長いフライトではかなり重宝します。作り方は私のYouTubeチャンネルにて。

STOP DRY OUT_
あらゆる乾燥対策を

乾燥する機内には、出発前にこれでもかというほど肌を保湿します。長時間のフライトでは使い切りタイプのスキンケアでまた保湿。マスクで喉を守り、体内の乾燥を防ぐためこまめな水分補給もマスト。水分をしっかり摂るとフライト疲れも軽減。

(FLIGHT TIME)

FLIGHT STYLE

———

機内の中でも自分らしい服装でいたいけど、
リラックスできるスタイルがマスト。
バランス良く力を抜いたスタイルを目指そう。

機内の空調は寒い場合が多いので、長袖長ズボンに靴下がマスト。夏の時期や
気温が高い地域へのフライトは機内が特に寒く、ブランケット代わりになる厚手
のストールがあると◎。逆に冬のフライトで機内が暑いときや、現地でも着替え
やすいように、Tシャツを下に着ておくと便利。ストレッチが効いてリラックスで
きる素材＋ファッションも意識したデザインを選ぶのがポイント。

THINGS IN MY BAG

1.パスポートケース（ayakawasaki）、ペン「ペンは入国カードの記入時に必要なので必ず持参」 2.iPad Pro（11inch） 3. Glendeeのココナッツチップス 4.マーファのスーパーマーケット「THE GET GO」のエコバッグ 5.Ray-Banのサングラス 6.液体類や手元に欲しいものを入れたビニール袋「搭乗したら袋ごと座席前のポケットへ。中身はのど飴、マスク、リラックス効果のあるエッセンシャルオイル（YOU&OIL／YOGA）、緊張を和らげるフラワーエッセンス（レスキューレメディ）など。赤いミニケースは19歳のときに友人にもらったパワーストーン。私の旅のお守りです」 7.Canon Autoboyのフィルムカメラ「フィルムは荷物検査のX線で感光することも。可能であれば目視確認をお願いしよう」 8.細かいものを入れるポーチ「財布やスマートフォン、充電器などを収納」 9.書籍「フライト時は必ず一冊持ち込みます」 10.着圧ソックス「搭乗前に履いてむくみ対策に。この上からゆるめの靴下を履いて冷えないように」

LOCAL LIFE

現地での過ごし方

下調べも大事だけど、現地の人と触れ合って、気分に合わせて、当日の行き先を決めるのもいい。
自分の直感と旅が与えてくれる出会いを大事にして、思い出に残る旅を。

LIKE A DAILY LIFE_

暮らすように旅する

旅先でもそこで暮らすように過ごすのが好き。あえてスケジュールは詰めすぎず、そのときの気分に合わせて行動する。行きつけのカフェをつくったり、部屋に花を飾ったり。観光もいいけど旅は日常から離れてフラットに自分を見つめ直すチャンス。ゆったり過ごす時間も大切に。

COMMUNICATION_

まず覚えるのは「ありがとう」と「こんにちは」

現地での挨拶とお礼の言葉は、必ず最初に覚えるようにしている。以前カフェで海外の方がオーダーは英語でしたけど、最後は日本語で「ありがとう」って言っているのを見て感動して以来、私もそうしています。相手の文化に寄り添う気持ちが伝わるジェスチャーだと思う。

LOCAL INFORMATION_

ガイドブックは見ない

昔からガイドブックは買わない派。ある程度必要な情報（交通事情など）は前もって下調べをし、あとは現地で。自分で発見したり開拓することも、旅の醍醐味として楽しんでいます。計画は立てすぎず、自分の直感と、そこでの出会いや縁がどこに連れていってくれるか期待する。

HOW TO TRAVEL LIKE A LOCAL
旅を楽しむコツ

WALKING_

たくさん歩く

旅のあいだは探検気分で、たくさん歩くようにしています。車移動だったら気づけない店や景色に出会えるし、街の特徴や雰囲気を肌で感じることができる。ベースになるホテル周りは必ず初日に散歩がてらチェック。ホテルの人や近所のカフェの定員さんにおすすめを聞くのも忘れずに。

SHOPPING _

買い物が目的となる旅はしない

私は旅先ではあまり買い物をしません。買い物は街歩きの延長として、気になるものがあったらお店に入るくらい。"モノ"よりも"経験"を優先しています。お土産は時間がある空港で、両親と旅に行かせてもらっている感謝の気持ちを込めて事務所の方々だけに。

ENCOUNTER _

出会いを大切にする

旅先の出会いは興味深いもので、ひょんなことから仲良くなりその関係が旅のあとも続いたりする。海外では知らない人同士のコミュニケーションもオープン。目を合わせ、微笑みかけたり、挨拶をする。そういうシンプルなことから始まる人との繋がりが、旅を特別なものにしてくれます。

SOLO TRAVEL

寂しいときもある。
でも一人旅には、一人旅にしかない魅力と特別な力があるから。

私が初めて一人旅に行ったのはハワイ。本当はそのとき付き合っていた彼氏と行くはずが、大喧嘩をして二人の旅が流れてしまったのがキッカケでした。ハワイに行くのも、一人で旅行に行くのも初めてだったけど、せっかく休みもチケットも取ったことだし、日本で悶々とするなんてもったいないと思ってハワイに飛んだ。

右も左もわからない土地で、当時旅慣れもしてなくて、英語もろくに喋れなかった私は惨めな数日を過ごしたあとに、思い切って現地に住んでいる知り合いの家族に連絡をしてみました。当時はかなりの人見知りで、東京にいたらそんなことできなかったと思う。でも海外という環境と、一人でいる寂しさが私に行動を起こさせたのです。彼らは連日ハワイ中を案内してくれたり、自宅でのディナーにも招待してくれて、帰国するときは空港まで送ってくれました。その家族が私を温かく迎え入れてくれたおかげで、すばらしい旅になりました。

そうやって図らずも一人旅のデビュー戦を果たしたわけだけど、日本に帰ったらその達成感と、日常から離れた開放感、そして新しいことを知ったり学んだりする高揚感にワクワクが止まらなかった。職業柄、誰かとスケジュールを合わせて旅をするのが難し

かったこともあり、行きたいときに行きたいところへ行ける一人旅にどんどんハマっていきました。

寂しくないの？ とよく聞かれるけど、寂しいです（笑） でもその寂しさもまたよかったりして。自分だけでなんとかしなくちゃいけない状況に追いやられると、できないと思っていたことが案外できることに気づいたり、普段は忙しさを言い訳に後回しにしている自分の気持ちと丁寧に向き合う時間を設けてみたら違う視点が生まれて解決したり。自分の気持ちを自分だけで消化して、あらゆる感動を全部自分で受け止めることで、強くなれるし、感覚が押し広げられていく。

一人旅には、一人旅にしかない魅力と特別な力があります。だから私は人生にモヤモヤしたり、何かに思い悩んだら一人で旅に出る。いきなり一人で地球の裏側に行かなくてもいい。まずは友達との旅行で別行動の時間をつくってみたり、海外の友達を訪ねるところから始めてみるのもいいと思う。私もそこからスタートして、今やあえて誰も知り合いがいないところを目がけて行くようになりました。みんなにも映画の主人公のような気持ちで、寂しさもハプニングもぜーんぶひっくるめて楽しんでほしい。そして一人旅の持つ特別なパワーで人生が変わる体感してほしい。

CHAPTER06
COLUMN
TRAVEL TIPS

PHOTOGRAPHY TIPS

旅写真の撮り方

旅先の写真は自分の記録でもあり、その場所のすばらしさを誰かと共有できるもの。
自分の感じた世界をそのまま写真に残す、私のこだわり撮影ポイントを紹介。

TIPS_ 01

街中の写真は
背景に奥行きを出す

街並みの撮影は、奥行きを出す
とその場所の雰囲気が伝わって
◎。正面よりも、サイドや後ろ姿
の方がこなれ感が出ておすすめ。

CUBA:ハバナの街並み　©Hiroaki Fukuda

LAOS:ルアンパバーンのマーケット

PERU:マチュピチュ

NEW YORK:レストラン「Joe's Pizza」

TIPS_ 02

寄りの写真も
背景にこだわる

せっかくならその国の雰囲気が
伝わる背景に。すべてを写そう
せず、明るい部分にフォーカス
を当てるときれいに撮れますよ。

TIPS_ 03

夜の景色も忘れずに

旅先は夜もすてきな風景にあふ
れてるのでそれも楽しんでほし
い！ 街中のライティングを生
かしてムードのある一枚に。

LAOS:レストラン「Coconut Garden」

BALI:バー「Motel Mexicola」

TIPS_ 04

シルエットを入れて
風景の美しさを強調する

普通に撮るのもいいけれど、人
や木のシルエットが入ることで
写真が締まり、風景の美しさが
より極立ちます。

TULUM：ホテル「Azulik」　　**THAILAND**：ホテル「Six Senses Yao Noi」

LAS VEGAS：セブン・マジック・マウンテン　　**SEDONA**：カセドラルロック

TIPS_ 05

人物を入れて
大きさを伝える

大きいものや広い空間は、比較
対象があると規模感が伝わりや
すいので、人物を入れて撮るよ
うにしています。

TIPS_ 06

自然はとにかく
引いて撮る

自然の風景は、その偉大さやエ
ネルギーも伝えられるように、自
分の目で見ている景色とできる
だけ同じ距離感の写真を残す！

PERU：マラスの塩田　　**LAOS**：ルアンパバーンの滝

MY TRAVEL BOOKS

旅で読んだ本

どんな旅でも必ず一冊は本をバッグの中へ。旅先や目的、
その時々の自分の直感で「今、読むべき一冊」を決めて持っていく。

CASE_ 01

一人旅に持っていく

自分と向き合い、己を学ぶタイミングで
ある一人旅には、精神面での成長を与え
てくれる本を。今まで気づけなかったこ
とに気づいたり、新しい視点を得ること
ができます。

『嫌われる勇気 自己啓発の源流「アドラー」の教え』

人生の悩みを一掃してくれるパ
ワフルな本。青年と哲人の対話
で進んでいくストーリーの中に
は幸せになるためのヒントがた
くさん詰まっています。自分の
ことを見直したいときにも。

著:岸見 一郎/古賀 史健
1500円+税(ダイヤモンド社)

CASE_ 02

バースデートリップ

誕生日は自分のなかで大きな節目と捉え
ていて、世間でいう年始のような気合い
が入るタイミング。自分を律したり、仕
事のことについて気持ちを改めたりする
ので、ビジネス書を読むことが多いです。

『ユダヤ人大富豪の教え』

日本人の青年がアメリカの老富
豪と出会い、幸せな金持ちにな
るレッスンを受けるお話。お金
のことだけではなく、人生を豊
かに生きるための秘訣が詰まっ
ています。人生が変わる一冊。

著:本田 健
1400円+税(大和書房)

CASE_ 03

旅に行った気分になる

忙しくて旅に行けないときでも、主人公
と旅に行ったような気分になれる本たち。
本当に大事なことは何か教えてくれる教
科書のような存在で、日本でも旅先でも
何度も読み返しています。

『アミ 小さな宇宙人』(徳間文庫)

地球人ペドロと宇宙人のアミの
旅。「生きる」ということや「愛」
について多くの気づきを与えて
くれる本です。大事なことはす
べてこの本に書いてある。

著:エンリケ・バリオス、訳:石原 彰二
552円+税(徳間書店)

『サーチ・インサイド・ユアセルフ
仕事と人生を飛躍させる
グーグルのマインドフルネス実践法』

Google本社で開発され、世界の
有力企業で取り入れられているマ
インドフルネスの実践プログラム
「SIY」について書かれた本。マイ
ンドフルネスや瞑想とは何かを詳
しく教えてくれる。

著：チャディー・メン・タン、訳：柴田 裕之
1900円＋税（英治出版）

『自分の小さな「箱」
から脱出する方法』

人間関係が上手くいかないのは
自分が「箱」の中に入っているか
ら。その箱から脱出するための
方法を教えてくれる本。自分自
身と自分の周りの人達との関わ
り方について考えさせられます。

著：アービンジャー インスティチュート、監修：金森
重樹、訳：冨永 星　1600円＋税（大和書房）

『世界のエリートはなぜ、
「この基本」を大事にするのか？』

仕事をする上で心がけたい「基
本」の部分を具体的に教えてく
れるビジネス書。自分のポテン
シャルや生活の質もアップグレ
ードさせてくれるヒントがたく
さん書かれています。

著：戸塚 隆将
1300円＋税（朝日新聞出版）

『サードドア
精神的資産のふやし方』

夢を叶えるには諦めないことが
一番大事だと教えてくれる一冊。
多くのビジネス書と違い、本人
の経験談が小説のように書かれ
ていて読みやすい。散りばめら
れた偉人達の名言も刺さる。

著：アレックス・バナヤン、訳：大田黒 奉之
1800円＋税（東洋経済新報社）

『アルケミスト
夢を旅した少年 [角川文庫]』

羊飼いの少年が旅をしながらい
ろんなことを学んでいく物語。
短い小説だけど、人生について
考えさせられる一冊。読み込ん
でいくことでより深いメッセー
ジを受け取ることができます。

著：パウロ・コエーリョ、訳：山川 紘矢／山川
亜希子 560円＋税（KADOKAWA）

『食べて、祈って、恋をして
女が直面する
あらゆること探究の書 』

主人公が1年をかけて、イタリ
ア、インド、バリを旅する話。
学び、成長、出会いなど、一人
旅の魅力がギュッと詰まったす
てきな本。初めて一人旅へ行く
前に読むのもおすすめ。

著：エリザベス・ギルバート、訳：那波 かおり
1800円＋税（ランダムハウス講談社）

TRAVEL MY DICTIONARY

旅の便利帳

旅をするときに使うアプリや
WEBサイトの情報をまとめて紹介。

WEB

FLIGHT_

→ **エクスペディア**

　https://www.
　expedia.co.jp/

→ **スカイスキャナー**

　https://www.
　skyscanner.jp/

→ **カヤック**

　https://www.
　kayak.co.jp/

**フライトの時間や曜日
タイミングが重要**

フライトはエクスペディア、
スカイスキャナー、カヤック
などをメインに使い分けてい
ます。サイトごとに値段が変
わったり、乗り継ぎの内容が
変わったりするので、細かく
チェックしてから比べて一番
いいチケットをブッキングし
ています。サイトごとに特典
やポイントなどもあるので、
上手く使うとさらにお得にな
ることも。

● **POINT**

○チケットは飛ぶ曜日や時間帯
でもかなり値段が変わるので、
それらを考慮し幅をもたせて検
索する。

○ハイシーズンは、東京以外の
空港から飛ぶフライトを選ぶ
裏ワザも◎。数万安くなったこ
とも。

○クレジットカードを航空会社
のものにすると、支払いのたび
にマイルが貯まってお得。

HOTEL_

→ **ブッキングドットコム**

　https://www.booking.
　com/index.ja.html

**ホテルのホームページも
欠かさずチェック**

ホテルはエクスペディア、ブ
ッキングドットコムを使い分
けて探しています。使い慣れ
ているエクスペディアがメイ
ンだけど、泊まりたいホテル
が提携していないときや、サ
イトの枠が埋まってしまった
ときはブッキングドットコム
を覗きます。珍しいケースで
すがホテルのホームページが
最安値を約束しているところ
もあるのでそちらも一度チェ
ック。

● **POINT**

○写真の見栄えがよくてもお客
さんのレビューが酷いところは
避けましょう！

○細かい設備やアメニティ
ーなどもチェックして自分
のニーズにあったホテルを
見つけて。

○フライトと同じサイトでホテ
ルを予約すると、ホテルが無料
や半額になるサービスもあるの
で要チェック。

AIRBNB_

→ *Airbnb*

　https://www.airbnb.jp/

**我が家を探すときの
ような気分で**

ホテルと上手く使い分けたい
Airbnbは空き部屋から、ヴィ
ラ、一軒家やお城まで（笑）
とにかくチョイスが多いので
私は価格とロケーション重視
で探します。ホテルじゃない
のでスーパーマーケットやレ
ストラン、駅、大通りなどが
近くにある便利なところをチ
ョイス。自分の家を探すとき
の感覚に少し似ているのかも。
ホストとのやり取りや、家の
ルールなどを読むために少し
英語力が必要です。

● **POINT**

○行ってみたら写真と全然違っ
たなんてこともあるので必ずレ
ビューをチェックしましょう。

○シャンプーなどは最低限のも
のしかなかったり、用意されて
ないところもあるので持参する
のがベスト。

○ヴィラやお城など変わりダネ
や人気のAirbnbは先まで予約
が埋まっているのでお早めに。

Instagram

→ @dametraveler

「女性にもっと旅に行ってほしい」というコンセプトの旅アカウント。いろんな女性の美しい旅の写真を見ることができます。次の旅先を決めるときにチェックし、参考にしています。

→ @lisahomsy

世界中を旅するインスタグラマー・LISA。写真がすてきな上に、ファッションセンスも良くて参考になります。彼女のエレガントでハッピーな雰囲気も好き。ラグジュアリー感があるので大人な旅にもおすすめ。

→ @mvandersluis

LISAの旅仲間である彼女も世界中を旅しています。LISAよりもイメージ寄りの写真を撮っていて、どの写真も絵葉書のように美しい。背景とマッチしたコーディネートも要チェック。

→ @haylsa

キュンとするかわいい旅の写真であふれる彼女のアカウントは、見ているだけで元気になる。私もこんな風に旅がしたい！と旅欲をそそられます。旅先ごとにまとめられたハイライトにも注目。

→ @hotelsandresorts

世界中の変わりダネのホテルを紹介しているアカウント。ホテルを目的に旅先を選ぶこともあるので、まめにチェックしています。いつもこんなところがあるんだ！と驚かせてくれる。

→ @genic_mag

Instagramはもちろん、アプリや雑誌も旅に役立つ情報がたくさん！絶景スポットやかわいいカフェなどを細かく紹介。写真の撮り方＆加工法も載っているので、旅の前にチェックすると◎。

APPS

→ Uber

近くの車とマッチングできる配車アプリ。目的地の住所をアプリに入れておけば現地語を話せなくても大丈夫。配車時点で大体の料金がわかり、クレジットカード決済で現金不要なのも◎。

→ Lyft

こちらも同じく配車アプリ。時間帯や混雑状況によってUberよりも割安なときがあるので、上手く使い分けるのがおすすめ。空港に行くとき、20ドルも得したことがあります！

→ Googleマップ

地図としての機能はもちろん、地下鉄やバスの乗り方も教えてくれる万能アプリ。近くのレストランやカフェでサクッと済ませたいときなど、付近のスポット検索に便利。

→ MAPS.ME

世界中オフラインで使える地図アプリ。徒歩や自転車の移動時は坂道情報まで教えてくれます。自分の位置情報も確認できるので迷ったときも安心。Googleマップと上手く使い分けてみて。

→ 世界の路線図

世界中オフラインで使える鉄道アプリ。路線図はもちろん、乗り換え検索もオフラインでできる！最寄りの駅がわからなくても、住所の入力で移動ルートを探してくれるので便利。

→ WiFi Map

世界中の無料Wi-Fiスポットを地図上で教えてくれる頼れるアプリ。スポットによってはパスワードが載っていたり、Wi-Fiのスピードテスト機能までついているので速いWi-Fiがわかる。

→ Yelp

レストランはもちろん、地元のお花屋さんやクリーニング店なども探せる優秀アプリ。初めての地でレストランを探すときは必ず参考にしています。空席状況の確認やオンライン予約も可。

→ Google翻訳

カメラを向けるだけで画像内のテキストを翻訳してくれる秀逸アプリ。レストランのメニュー表記や買い物時に便利です。100言語以上の言語を翻訳してくれるので旅で大活躍。

→ Amount

海外のありとあらゆる単位を換算してくれるアプリ。通貨だけでなく、服や靴のサイズ、距離なども計算して日本の単位で表示。いちいち検索しなくてもこれ一つで済むので重宝します。

LIFE IS A JOURNEY

「旅を重ねるたびに、心も未来も広がっていく」

　時間には限りがある。自分の人生を生きていくなかで、幼い頃からその意識を持っていました。だから、行きたい場所も、やりたいことも後回しにしない。自分の星をよく知らないまま死ぬのは絶対に嫌だから、もっと世界を見たい、知りたい、体験したい。そんな想いが私を「旅」へと突き動かしています。

　日本人とブラジル人のミックスである私はみんなと"違う"子供時代を過ごしました。まわりに馴染むことに必死で、それによって起こる摩擦や苛立ちで苦しくなることも多く、子供ながらに窮屈さを感じたり、自分は何者なんだろう？　と悩んだ時期もありました。でも、飛行機に乗って日本を飛び出してみたら、今まで見ていた世界とはまったく違う景色や考え方、人々に出逢えました。

「あ、私このままでいいんだ」

　旅は日常で凝り固まった思考や古くなったパターンを手放すキッカケを与え、そこにできたスペースは新しい選択肢でいっぱいになり、私の世界をどんどん押し広げてくれました。そして、それと同時に悩みは小さくなっていきました。今こうやって旅を共有しているのは、その大きな魅力である"物事をポジティブな方向に動かしていく力"をみんなにも感じてほしいから。

　世界にはいろんな場所があって、いろんな文化があって、いろんな人がいる。それを見たり、感じたりすることで、あれもこれもアリなんだ！　じゃあ、あんなこともできるし、こんなこともやってみたい！　って、チョイスが増えていくことは、自分を幸せにする要素が増えていくことにも繋がるのかなと思います。与えられた選択肢の中でベターなものを選ぶんじゃなくて、自分の中でベストを掴み取っていったり、創り出したりしていく感覚。

　そして、旅を重ねていくうちに、私が大切にしたいことはシンプルになりました。

「自分が幸せでいること」

　"好き"という気持ちを大切にしながら、最終的にどこに着地したいのかを想像する。そのために必要な過程がもし大変だったとしても、それはきっと価値のあるもの。楽しいことも、辛いことも、経験をすればするほど自分の引き出しの数が多くなる。それが、広がりと深みのある人生をつくってくれるのだろうと思います。

　忙しいのもわかるし、お金もかかるけど、それ以上に旅には得るものがある。それはいつかあなたのパワーとなって人生を切り開く武器となるはず。だからもっともっと旅に出よう。私達は"地球"に住んでいるのだから。

「旅には、得るものがある。

それは、いつかあなたのパワーとなって

人生を切り開く武器となるはず。

だからもっと旅に出よう」

INDEX

SHOP

SPOT

HOTEL

大屋夏南　Kana Oya

1987年生まれ。ブラジル出身。17歳でモデルデビュー。数多くのファッション誌に出演し、モード・ハイエンド系の海外誌などでも活躍。私服・美容情報など、彼女のライフスタイルがいち早くチェックできるブログ・インスタグラム・YouTubeが注目されている。

Official site「TRY▲NGLE」 https://www.kanaoya.com	Instagram @__kana_oya__
Official blog https://lineblog.me/kanaoya/	YouTube channel Kana Oya

SHOP LIST

MATT.(PERVERZE, LEINWANDE)
INFO@THE-MATT.COM

4K(FILL THE BILL)
03-5464-9321

THE Dallas lab.(THE Dallas)
03-5491-7331

Acne Studios Aoyama
(Acne Studios)
03-6418-9923

The SAZABY LEAGUE
(THE ELDER STATESMAN)
03-5412-1937

SHIATZY CHEN
03-6212-2878

STAFF

Photographer
Masanori Akao(whiteSTOUT)
Makoto Kujiraoka

Writer
Akemi Kan

Coordinator
Mario Yamamoto

Stylist
Miki Sayama(LOVABLE)

Hair&Make
ANNA<SHIMA>

Illustrator
Sato Industry

Down to Earth

2020年4月10日　初版第1刷発行

著者	大屋夏南
編集	Mo-Green / 小宮 萌（TWO VIRGINS）
デザイン	Mo-Green / So Iquchi
発行者	内野峰樹
発行所	株式会社トゥーヴァージンズ 〒102-0073 東京都千代田区九段北4-1-3 TEL 03-5212-7442　FAX 03-5212-7889 info@twovirgins.jp https://www.twovirgins.jp
印刷所	株式会社シナノ

©Kana Oya 2020　Printed in Japan
ISBN 978-4-908406-33-1

anna books

＊本書の情報は2020年3月現在のものであり、その後状況が変化していることもありますので、予めご了承ください。